【序】

色を語って歴史を語る

水上勉

＊この序文は初刊本『色の歴史手帖』（ＰＨＰ研究所刊）のため一九九五年の秋に「吉岡幸雄『色の歴史手帖』を読む」と題して寄稿されたものです。そのため後半に「古代色図鑑」についての記述がありますが、本書ではその色見本帖は割愛しております。なお、古代色や伝統色標本をご覧になりたい方は、紫紅社刊『日本の色辞典』をご参照ください。

吉岡さんは京都で数少ない古代染めを生業とする希な人である。

その人が日本の染色について述べた本だが、一年を十二月に区切って歳時記風に書いてある。ということは、布や紙をまがいのない古代の色に染めるのだから、材料に時期があるし、染料を山野草に頼らねばならぬから各々の草木に収穫時もある。またそれらの草木が日本国内にあればよいけれど、遠くは中国の四川省の山奥から送られてくるのを待ってからということもあり、さらに重要なことはこれらの古代染めの布や紙を必要とされる先が古都の神社や寺院の祭や催事とかかわっている。また、それらは毎年のことでもあるので、ある染料に使う草は今年不作だったからといって、やすむわけにゆかない。いってみれば生業は一千年以上も続いた都の行事の黒子とも、支え役ともいえる立場にあるのだから、話はずいぶん古いことから語られる。

ところが、吉岡さんは先に書いたように今日の職人さんであるし、新しいことにも興味を持つ職人さんであるから何も古いことを語るのに論をたてるというようなところはない。論をかかげて一派を張る学者でもないから、昔のことは敬虔にまもって、今を働くという立場である。それが素直に本書の行間に出ている。古い資料の出し方に無理がなく、文章も読みやすい。専門用語も少なくないはずなのによくわかったのは、その土地土地へ足を使って行って、そこで、古い手法で草を育て収穫する人とじかに言葉で話し合うところなど、さすがは職人に徹したところから言葉が出ていると思った。たとえば私はこういうところにも感心もし興味を深めたのである。

一月の朱の話に、吉岡さんは伏見稲荷大社の元旦詣でにゆき、あの社に見られる数多い鳥居の朱の色から話をはじめ、赤色は陽と火を畏敬するものだといい、話は縄文時代にとんで行く。朱の顔料は土の深いところにある赤土から精製するものだったとし、二月にはいって東大寺のお水取りには吉岡さんの工房で染められる紅花を主に黄などの和紙が納められる話になり、練行衆の紙衣や椿の造り花になって和紙が華やぎ、しかもそれらの紅花染めのものは中国四川省から来た花を使っているという。私たちはお水取りの日に奥州白石和紙の紙衣や中国の染料で染められた花にめぐり会っていることをこの本で知るのである。

あるいはまた七月が来て涼やかな藍染めにめぐり会う。吉岡さんの工房では四国徳島の吉野川で栽培されたものを使われるそうだが、それでは足りないので吉岡さんが宇治田原町の畑を借りて移植育成されているものも使われる。藍の生の葉で染める工法も開陳される。朝早く刈りとってきた藍の葉を手でちぎって細かく刻み、たっぷりした水を入れ、かき回しながら藍の色素が出るのを待ち、やがて布や紙を入れて染めて行く。これがいわゆる吉岡さんの生葉染めだ。平安朝時代から行われてきた技法だということである。

伊吹の刈安薄《かりやすすすき》が黄の染料だと教えられたのもびっくりだった。じつは三十年ほど前から竹や薄を煮て餅状にし、その繊維で紙を漉いていたのだがなぜ染料も使わぬのに薄が黄になり竹も黄に染まるのか不思議に思っていたが、理由がわからないままにしてきた。薄も竹ももともと黄の染料だったのである。無知は恐ろしい。

将軍吉宗公が『延喜式』の縫殿寮に記されていたものを参考にして黄櫨《きはだ》染めをはじめ様々な染色をしたというようなことも初めて教えられた。また、将軍は跡絶えていた茜染めも試みたそうで、ものを染めることが好きで、『黄櫨染考』などの文を残し、茜染めについては当時は色の変わりやすい蘇芳《すおう》を使っていたのを武具の鎧などに山科でとれる茜が使われていたのから思いついて、その染法をよみがえらせている。私たちはここで、鎧兜の組紐の緋の色のあざやかさが茜草の根から武将によって染められていたことを知るのである。

吉岡さんは十二月が来て奈良の春日山へ私たちを誘いだし、春日神社曼荼羅図絵の色を語りながら、神様にささげるきよらかな純白無垢な布が奈良と京都の境にある木津川の白砂でさらされたあとさらに茶畑の上に布を張る「丘さらし」という古くからの人間の知恵によってできていることを語る。

これを聞かされると、われわれの近代なり現代とよんでいる文明生活が、ほんとうの日本の色を失った暮らしにすぎなかったことに気付かされるのである。

つまり、この本は色を語って歴史を語るのである。日本人の美意識や感性がいかに諸外国の人々と違ってきたかについて考えさせるのである。私は数年前に催された奈良薬師寺での「天平絵巻」といってもいい玄奘三蔵の唐天竺往来のご苦労をドラマ化した音楽劇を見たが、この時の美術担当が吉岡さんで、すべての衣裳や道具が天平一色に塗りつぶされていたことに深く感じ入ったのをおぼえている。つまり、天平の色はいまのパステルやリキテックスの色ではなくて、私には黄土色といってもいいほどの深みのある朱や緑や黄に見えて、かえって、色が歳月を変わらずに生きてきたサンプルを見たように思い、落ち着いたともくすんだともとれる新鮮さで昔の色に感じ入ったのである。私は昔の色にこだわって生きる希な人を見たように思った。こんどこの本を読んで、吉岡さんの手の爪が冬でも春でもいつも青かったのを思いだしている。ながい年月を染め職人として色に身を漬けてきた人なのである。爪の汚れは生涯落ちまい。もっともご当人は汚れだとは思っておられないだろうが。

そんな人が初めて口を開いたのである。そんな本である。面白いのはあたりまえだろう。また、この本には「古代色図鑑」といってもよい草木で染めた色が再現されている。よだれのでるような色手帖だ。読者は早春の項で椿の濃い紅や蘇芳のうすい朱にめぐり会い、雪の下の薄桃や、木賊《とくさ》の淡い緑の現物に出あえるのである。あきのもみじといっても、驚いたことに赤い色のなかに二十種以上の赤があることを教えられる。すなわち、緋の色は「あけ」である。深緋は「こきあけ」である。今はその色がそれだと当てる人も少なくなった臙脂《えんじ》や鴇《とき》の赤も教えられるのである。

吉岡さんは色の旅人だからこれといった色ができると、人に見せて喜ぶらしい。十年もの苦労の末にようやくできた色もあるようだが、だし惜しみせずに色帖にみな出しておられる。これだけはしまっておこうという色はないらしい。古都の伝統工芸といえば秘伝のようにいわれて草までありかをいわぬ人もあり、技法もあまり開陳されないのが普通だが、吉岡さんの作る色に秘密はない。だれが学んで作ってもいいのである。「図鑑」があまりに美しく、同じ色でも深いうすいの種類をきわめているので感動してしまった。人びとがいいあわせたように山野草にしたしむ時代がきている。待たれていた本である。この歳時記を持って草木の旅もいいだろう。おのずから自然生活の高級な染色辞書の役目を果たすことを確信する。私などには実益もかねてまことに教えられることが多かった。

日本の色の十二ヵ月【目次】

【序】色を語って歴史を語る　水上勉

色の歳時記［一月から三月］　17

一月……「朱」の色と艶やかな「絹」について

伏見稲荷大社の朱塗りの鳥居　26
「赤色」は太陽と炎を畏敬する色　30
「五行思想」と色彩との関連　33
人びとの眼に映る都の朱色　36
絹糸に染められる華美な色彩　39

二月……「お水取り」の行事と染和紙と紙衣

紙の普及がもたらした文化　50

陸奥に手漉きの和紙を訪ねる 52
お水取りの練行衆の紙衣造り 56
真白な紙から生まれる文様 59

三月……四川省の紅花が東大寺二月堂に映える

冬の陽のなか椿の花が咲く 66
紅花の産地四川省を訪ねる 69
美しく澄んだ赤を得るために 73
冷気で冴える「寒紅」の色 76

色の歳時記 [四月から六月] 81

四月……花会式の色和紙と桜の季節に襲の衣裳

薬師寺の金堂を飾る四季の花 98

伝統的な和紙と彩色の技術 102
京都の桜名所を結んで歩く 105
王朝人は花の風情を襲の色に 108

五月……往古より尊ばれてきた高貴な色「紫」

宇治と上賀茂は紫の季節に 116
五月の花から紫の色を思う 118
貝紫を「帝王紫」と尊称 121
万葉集に詠われた紫の秘密 125
光源氏が最愛の人へ贈った色 129
武将の紫と江戸好みの紫 133

六月……祇園祭の山鉾の華麗な装飾と友禅染の誕生

鴨川の水害から生まれた京の祭 140
商人の財力でいっそう美麗に 143
自由な気風と友禅染の誕生 148

色の歳時記 **［七月から九月］** 153

七月……世界の人に愛された涼やかな藍の色

インディゴブルーと出藍の誉れという言葉 170
どんな繊維にもよく染まる藍 172
夏の日に育てた「京の水藍」 174
平安時代の贅沢な藍染 176
全国を制覇した「阿波の藍」 179
「藍のあし」の微妙な美しさ 181

八月……絹の発見と日本への渡来を考える

七夕と絹とのゆかしい関係　188
美しき絹、その誕生の伝説　191
絹はシルクロードを西へ　193
七夕の物語と乞巧奠の儀式　195
笹竹に五色の短冊を飾る　198

九月……青柿の実るころに刈安の黄を染めて

光を受けて育つ黄の色素　202
山から下りた緑が黄に変わる　205
石清水祭の御花神饌をになう　207
青柿の実から柿渋の色へ　210
団十郎茶と柿渋との因縁　213

色の歳時記［十月から十二月］　217

十月……菊花と天子の色と紅葉の色

色と香を愛す菊花の宴　226
冠位を超えた天子の色　229
将軍吉宗が再現を試みた色　233
日本茜染の困難さに挑戦　236
安石榴の実の色づくころ　239

十一月……正倉院と法隆寺の染織品の魅惑

シルクロードの東の終着駅　244
私たちの眼前に飛鳥の色彩が　247
東大寺の伎楽衣裳を再現　249
茶と黒の色が持つ無限の色層　253

十二月……春日の「おん祭」に色彩の原初をみる

土着的な芸能に由来する祭　260
おん祭の闇のなかの色　264
浄らかなる「白」を求めて　267

あとがき　273
参考文献　279
関連項目索引　283

色の歳時記

【一月から三月】

朱の色　紙衣　紅花の赤

朱の鳥居　伏見稲荷大社
「お山めぐり」の道に千本鳥居といわれる朱塗りの鳥居がつづく［一月］

赤系の顔料
弁柄の粉（上）と辰砂（下）。いずれも土の中に存在するもの［一月］

朱彩土器　鳥浜貝塚出土
縄文時代前期のもので、大胆な文様と朱の色が古代の息吹を伝える。福井県立若狭歴史民俗資料館蔵［一月］

朱の五重塔　法隆寺
黒々とした屋根瓦と木組みや柱の朱色が鮮烈な印象をあたえていた［一月］

紅花の畑と「散花」
赤の色を代表する染料として紅花は数千年の歴史を伝えている［三月］

鮮やかな紅花の色
散花を水に浸け、押し絞って黄の色素を流す。そして休まずにくり返し揉む。つらい作業だが鮮やかな赤をえるために［三月］

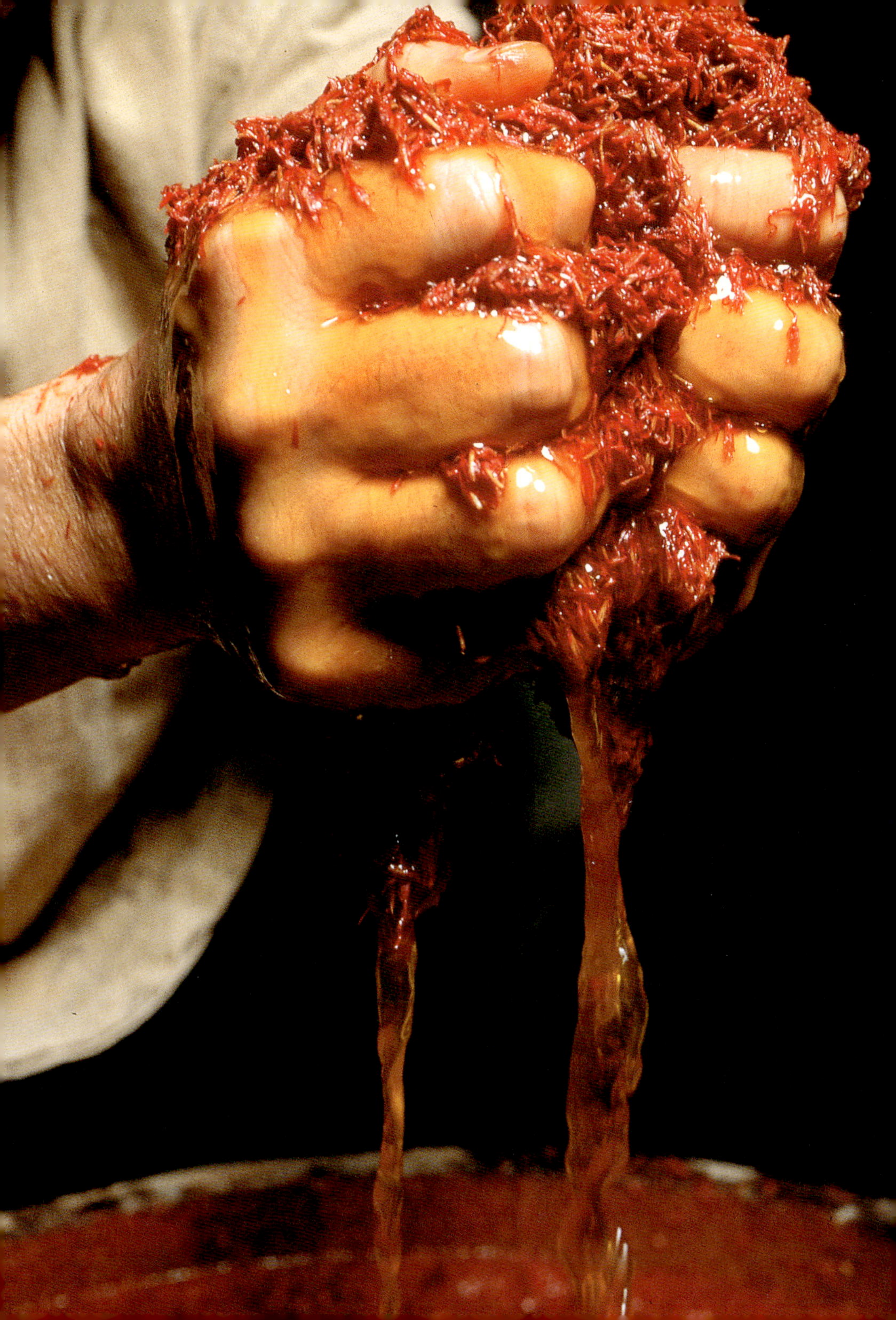

紅花染の絹糸
寒い時期に冴えた染め色になるため「寒紅」といわれる。先染めした絹糸がやがて機にかかる［三月］

「艶紅」の引き染
紅花液を沈殿させた絵具状の艶紅を使って手漉き和紙に引き染をおこなう［三月］

椿の造り花　東大寺のお水取り
深紅と支子で染めた和紙を用いて二月堂の十一面観音にささげる花拵えをおこなう練行衆たち［三月］

ユリナに収めた椿の花弁
約四百個の造り花は本行まで広間の床に並べられ、障子越しに冬の陽を浴びている［三月］

火の赤に畏敬する心　東大寺二月堂
松明は二月堂の欄干から差し出されて激しく火の粉が飛び散る［三月］

一月……「朱《しゅ》」の色と艶《つや》やかな「絹《きぬ》」について

伏見稲荷大社《ふしみいなりたいしゃ》の朱塗りの鳥居《とりい》

元日の朝、久しぶりに近くの「伏見稲荷大社」*へおまいりしようと家を出た。私の住まいは洛南《らくなん》の桃山《ももやま》で、古くは伏見山とよばれ、丘陵地になっている。かつて豊臣秀吉が築いた城跡である。

お稲荷さんへの道すがら、京都盆地をかこむ北山《きたやま》連峰、西北の愛宕《あたご》山、その麓の嵯峨《さが》嵐山《あらしやま》、そして西山《にしやま》の峰々がみえかくれする。この朝、愛宕山から西山にかけての山陵は、こまかな粉をまいたような雪景色であった。大晦日の氷雨《ひさめ》は山では雪になって、かなり吹雪《ふぶ》いていたのだろう。

ＪＲ奈良線の桃山駅から稲荷駅まで列車は桃山丘陵と稲荷山に挟《はさ》まれたのどかな大亀谷《おおかめだに》と深草《ふかくさ》の里を過ぎていく。私が十歳まで育ったのはこのあたりである。いまはかなり宅地化しているが、わずかに残っている畑中の細道に子どものころのことを思い浮かべているうちに、「深草十二帝陵」*の石垣とまわりの緑樹、茅葺《かやぶ》き屋根の「元政庵《げんせいあん》」*の寂《さ》びた佇《たたず》まいが車窓に流れて、やがてその背後に稲荷山がみえてくる。

「伏見稲荷大社」は東山三十六峰《ひがしやまさんじゅうろっぽう》最南の稲荷山に鎮座《ちんざ》する。もともとはこの優美な山をご神体として祀《まつ》っていた。

七世紀から八世紀に大和《やまと》朝廷を支えた豪族の秦氏《はた》は京都盆地の山背《やましろ》（城）、紀伊《きい》（現・京都市南部）あたり一帯に蟠踞《ばんきよ》しており、京都の北に上賀茂《かみがも》、下鴨《しもがも》、西に松尾《まつお》、南に稲荷の神を祀り崇《あが》めた。

稲荷は稲生とも記され、農耕の神として人びとは五穀豊穣《ごこくほうじょう》を祈った。秦氏は畿内《きない》に多くの水田を耕作し、養蚕《ようさん》を広めた豪族で、はじめは深草の里に住んでいたともいわれて、ことさら稲荷社との関係を深めたのであろう。その秦氏の子孫が神社の重要な役職で祭祀《さいし》に奉仕をする、禰宜《ねぎ》（神主につぐ神職）、祝《ほふり》（禰宜の下で宮守）の役を担《にな》っていた。

やがて時代が下って、稲荷社は「衣・食・住」の神と崇められるようになり、さらに織豊《しよくほう》時代から江戸時代にいたって商業が盛《さか》んになると、商売繁盛の守護神《しゆごしん》として、商人が信仰する大神社へと発展していった。そのような稲荷信仰は津々浦々《つつうらうら》に広がって、いまや分社は全国で三万社とも四万社ともいわれる。

その伏見本社の初詣は全国でも屈指《くつし》の人出で、私は人波にもまれながら、朱色の大きな鳥居をくぐって本殿へ向かった。

ようやく参詣《さんけい》をすませて、私の子どものころの遊び場であった懐《なつ》かしい「お山《やま》めぐり」に足を向けた。

もともと山頂に鎮座していた神を中世に、山麓へ遷《うつ》したといわれ、いまは峰づたいに千数百本の小さな朱塗りの鳥居が立てられていて、それをくぐって、山腹から山頂への古社《こしゃ》をめぐるので、お山めぐりの名がある。

さすがに山中に入ると人影もまばらになって、隙間《すきま》がないほどの朱色の鳥居のトンネル（千本《せんぼん》鳥居《とりい》という）をすすみながら、色彩の源《みなもと》である「朱」の色と、養蚕の技術を広め、染織《せんしょく》の基礎を築いた秦氏と「絹」のことを考えた。

朱の鳥居が樹々の深い山中に立てられていて、濃い緑の葉に強くその色を映《うつ》しているのをみると、人間がもっとも鮮烈《せんれつ》に感じる色は、なんといっても「赤《あか》」であろうとおもえる。はるか昔、まだ原始的な生活を営《いとな》んでいたころから、人間は赤の色を、光をもたらす太陽と、燃える火と、身体を流れる血液に見ていたのである。

以前、私はシルクロードの染織を研究するために、敦煌《トンコウ》、吐魯番《トルファン》など西域の地を旅したことがある。果《は》てしなくつづく砂漠の地平線を眺めながら、ふだん私は山から昇る朝日のようすは見なれていたが、いったい地平線から陽が昇るときの光景はどのようなものかと興味をいだいた。「鳴沙山《めいさざん》」*の近くまで行けば地平線上の朝日がみられるというので、空に三日月がくっきりと浮かんでいる、まだ街中の暗い時刻にホテルを出た。

敦煌郊外にある巨大な砂山「鳴沙山」

鳴沙山をまぢかにする場所に着くと、しだいに明るくなってきて東方の「ヤルダン地形」*の岩山がわずかに茜《あかね》色《いろ》に染まってきた。

太陽が昇ってくる周辺は、まだ黒い幕を張ったようで、そこに眼を据《す》えていると、ついにまばゆい陽光が地平線にあらわれてきた。少しずつ姿をみせる太陽の輝《かがや》きは鋭い光となって、瞬《またた》く間《ま》に広い地平に明るさと色彩を与えた。

黒い岩山は茜色から影になるところは紫色《むらさきいろ》になっている。近くの砂山は黒から灰色《はいいろ》に、陽の当たった斜面はまもなく茜色に、影の部分は濃茶色《こいちゃいろ》と、刻々《こくこく》と色が移っていくさまは、さながらプリズムをみているようである。

やがて足元近くの砂まで五彩《ごさい》、七彩《しちさい》というほど数えられない無数の色となって、私の眼はその変化についていけなくなった。

地平線から昇る太陽の、その光彩《こうさい》が輝きはじめるほんのわずかな瞬間に、自然のすべてに与えられる無限の色彩、人はだれでもそこに聖なるものがあることを確信するときである。

「赤色」は太陽と炎《ほのお》を畏敬《いけい》する色

人間は火をおこしてそれを使いこなす唯一《ゆいいつ》の動物といわれる。

闇を明るくするために灯火《とうか》をともす。寒さから身を守るために火によって暖《だん》をとる。燃えさかる炎に食材をかざして調理する。

また、炎は土器《どき》や焼物《やきもの》などを成形することにも必要だ。陽と火は人びとがその存在に感謝し、なによりも神聖なものと崇《あが》めたにちがいない。

縄文時代、人びとは竪穴《たてあな》に住居をかまえ、山を駆けまわって狩猟《しゅりょう》をして、川や池では魚をつかまえ、野山では木の実や草を採って食料を調《ととの》えて生活をしていた。日常に必要な器《うつわ》も、また、崇める神にささげて祭祀をおこなう道具も、土をこねてみずからが編んだ網《あみ》で絡《から》めて火で焼成《しょうせい》した。

はじめのころは技術も稚拙《ちせつ》で、土が火の熱で固まるだけであるから、その土器の色は茶か、焼くときに出る煤《すす》が墨色《すみいろ》となって付着するていどの色であった。その器になにか造作《ぞうさく》を施《ほどこ》したいというおもいにかられ、さらに色彩をくわえようと考えたとき、まず思いついた色は太陽の赤と火の赤であったであろう。

福井県の若狭三方町《わかさみかた》にある「鳥浜貝塚《とりはまかいづか》」*から出土している縄文土器のなかで、鉢《はち》全体が力感にあふれる造形で、その側面に大胆な文様《もんよう》が線刻《せんこく》され、地肌《じはだ》には一面に朱が塗られて焼かれた「朱《しゅ》彩《さい》土器」がある。

縄文人が野山を駆けめぐっているとき、断層《だんそう》などで朱の成分の混《ま》じった土を発見し、それを砕《くだ》いて器に塗ってから焼いたのである。

自然の土の生成色《きなりいろ》に塗り込んで色と文様をあらわそうとする意識には、それが日常の器であれ、祭礼《さいれい》のものであれ、赤色（朱色）は陽と火に対する畏怖《いふ》の象徴であり、その強烈な色によって悪霊《あくりょう》を除《よ》けるためのものでもあった。

かれらが焼きあげた土器や土偶、あるいは木彫りの装身具、そしてみずからの顔にも塗るという「施朱《せしゅ》」の習慣、これは死者を葬《ほうむ》るときにもなされたが、この時代の色といえばすべて赤ばかりである。赤を着色する以外に色の必要性を感じなかったかのようである。

ところで、日本人は赤だけではなくさまざまな色彩を身のまわりに配することを、いつから意識するようになったのであろうか。

弥生《やよい》時代に入り、生活は低地に移り、田畑を耕作して稲を植え、高床式の建物に住まい、銅で金属器を造り、金や玉《ぎょく》といった装身具で身を飾るようになった。

この時代には糸を縒《よ》って機《はた》にかけ、織物《おりもの》にして衣類を仕上げるようになっていたし、絹の生産もはじまっていたという研究もある。そうなれば、人びとは暮らしのなかに美しい色彩をえようという気持ちが高まってきていたとみていいだろう。

その弥生時代から古墳《こふん》時代へと移るころ、日本は小さいながらも国が成立するようになって、中国に伝えられる『魏志倭人伝《ぎしわじんでん》』*に染織にかんする記述がみられる。

禾稲《かとう》・紵麻《ちょま》を種《う》え、蚕桑緝績《さんそうしゅうせき》し、細紵《さいちょ》・縑緜《けんめん》を出《い》だす。（中略）真珠・青玉を出だす。その山には丹《たん》あり。……（略）

——稲などを植《う》え、麻《あさ》を植え、蚕《かいこ》を飼《か》って糸を紡《つむ》ぎ、細い麻布、絹を生産している。（中略）真珠や青玉が産出するし、山に丹、すなわち赤い土がある、と記されている。また別の項には、その四年、倭王、また使大夫《しのたいふ》伊声耆《いせき》・掖邪狗《えきやく》等八人を遣わし、生口・倭錦《わきん》・絳青縑《こうせいけん》・緜《めん》衣《い》・帛布《はくふ》・丹・木𤝔《もくふ》・短弓矢を上献す。……（略）

とあり、国産の綿や青と赤の絹や布、それに丹も、倭王《わおう》が魏に献上《けんじょう》していると記《しる》されているから、国王を中心としてかなり染織の技術や色彩についての意識が進歩しており、高貴な人びとに限ってではあろうが、華美な装《よそお》いをしていたことがうかがえる。

「五行思想《ごぎょうしそう》」と色彩との関連

周知のように日本がまだ縄文時代の原始的な生活をしているころ、中国はすでに高い文明をもっていた。とりわけ紀元前二二一年に中国初の統一国家を築いた秦《しん》の始皇帝《しこうてい》の時代に、その後の国家の基礎となるような思想哲学や、科学技術などを完成させ、「五行思想」という自然哲理というべきものが確立したのもこの時代である。

「五行思想」とは、木・火・土・金・水が地球上の基本的な構成の五元素であり、人間が生活をしていくうえでもっとも大切にしなければならないものという思想である。

木は火をうみ、火は燃えて土に還《かえ》る。土のなかには金属物が含まれ、そのなかをくぐって水が生まれ、その水が木を育てるという五行循環《じゅんかん》の思想である。それを基本として方位・色彩・季節あるいは人体の臓器などになぞらえて考えられてきた。

色彩としてみれば、木は青であり、火は赤であり、土は黄であるが、これは色彩の三原色であり、この三色を組み合わせれば、いかなる色も表現できる。この三色に加えて必要な色は白と黒。この時代にこうした色彩に対する観念があったことは、とりもなおさず多彩な色をあらわす技術が完成していたことを物語っている。

糸を染めて布を織り、華麗な装いをすることがすでに可能であり、とくに権力者は、着衣の色彩についてあくなき追求をしていたと考えることができよう。

五行思想の火は赤である。人間の火に対する畏敬《いけい》が炎の色、赤である。そして、太陽と火をあらわす色材は中国でも日本と同じく朱《しゅ》であり、染料でいえば茜《あかね》であろう。

「朱」という顔料は、土の奥深いところにある赤い部分を精製して色の材料として使っているものである。古代中国ではすでに殷《いん》の時代、三千年以上も前の甲骨文字に朱はあらわされている。木・火・土・金・水にいう「土と金」の部分である。

くわしくいえば、朱に「水銀朱」「弁柄《べんがら》」「鉛丹《えんたん》」などといくつかの種類があって、それぞれ色合いも少しずつ異なっている。水銀朱は文字どおり水銀と硫黄《いおう》とが化合して赤く発色しているもので、古くは丹、銀朱《ぎんしゅ》、真朱《しんしゅ》（まそほ）、丹砂《たんさ》、朱砂《しゅさ》、辰砂《しんしゃ》などと記されている。中国では水銀と硫黄とを混ぜて朱を合成する方法も早くから知られていたといわれる。また、弁柄は酸化鉄の固まりで、古い文書には鉄朱、丹、鉛丹と記されている。鉛丹は鉛の酸化物である。いずれも赤系であるために、その表現には三種とも丹という文字が使われている例をみることがある。

日本では奈良県吉野郡の奥深い地に「丹生川上《にうかわかみ》神社上社・下社」*があり、神社名の丹生は、太古から朱を採掘していたところであるといっていい。吉野は大和朝廷の南に位置し、おそらく多くの丹を採掘した地であろう。吉野に限らず全国のいたるところに丹生の地名が残っており、その生産、消費もかなりの量であったと想像される。

日本でも中国でも太古から土に埋もれている赤い色素を探りあてて、精製して使ってきた。この色彩が太陽を象徴し、火をあらわして祭礼の対象となり魔除《まよ》けの役割をはたし、土器、建造物に塗られて、それがやがて権力を誇示《こじ》する色となっていった。

ところで、日本の歴史をふりかえるとき、卑弥呼《ひみこ》が倭の王であることを認めてもらうため、たびたび魏《ぎ》の国へ貢物《みつぎもの》をしているように、それ以降もつねに中国大陸の政治・文化を日本の国家体制の手本として学び、模倣《もほう》をしながら国を築いてきたことは揺《ゆ》るぎのない歴史的な事実である。

くわえて、卑弥呼の時代のあとも日本と朝鮮半島や中国本土との交流はより頻繁《ひんぱん》になっていく。そうして、シルクロードという中国よりインド、ペルシャ、そして地中海のローマへとつづく壮大な交流が歳月をへて、その流れは東の島国日本へも確実におよんでいったのである。

人びとの眼に映る都《みやこ》の朱色

権力を手にしたものがさらに広く国土を治めようとすると、まず都をさだめ、そこに政治機構を集中させる。さらに権力者は、その王城の神聖な土地に社殿を建てて神を崇める。そして仏教が伝来して国の教えとなると、大きな寺院を建立し国家の安寧《あんねい》と鎮護《ちんご》を祈願する。

そうした都城《とじょう》とその周辺に建てられる巨大な神社や寺院は豪壮《ごうそう》であると同時に、その色彩は人びとに畏怖の念をもようさせ、その眼に鮮烈な印象を与えるものでなければならなかった。

たとえば、奈良斑鳩《いかるが》の「法隆寺《ほうりゅうじ》」*を例にとろう。

大和郡山《やまとこおりやま》からの道を「慈光院《じこういん》」*の前で右に折れて、小高い丘を越すと、やがて「法起寺《ほうきじ》」*の近くに出る。このあたりからひときわ高い法隆寺の五重塔の重厚な姿がみえてくる。かつては広い斑鳩の広い里のどこからでも朱塗りの塔が望めたはずだ。

復元された平城京の大極殿

いまは松並木の参道が古寺《こじ》にふさわしい景色をみせている。南大門《なんだいもん》の先に中門《ちゅうもん》の甍《いらか》、その背後に五重塔と金堂《こんどう》と豪壮な伽藍《がらん》をながめながら、これらの建造物の柱や組物《くみもの》が創建時は鮮《あざ》やかな朱色であったことを想像してみる。多くの民衆はその大伽藍を彩《いろど》る朱の色に魅了されて、祈りの道へ歩みを進めたにちがいない。

藤原京《ふじわらきょう》も平城京《へいじょうきょう》も、朱雀大路《すざくおおじ》がまっすぐに、大内裏《だいだいり》にむかい、まばゆいばかりの朱塗りの朱雀大門を目前にするのだ。そのようすは現在、近鉄大和西大寺《やまとさいだいじ》駅から奈良駅に向かうとき左右の窓にみえる平城宮復元の朱雀門と大極殿《だいごくでん》でもわかるであろう。

あるいは、やや時代が下って平安京の朱雀門も同様であった。

平安時代後期に描かれた「伴大納言絵巻《ばんだいなごんえまき》」は、貞観《じょうがん》八年（八六六）に起きた応天門《おうてんもん》炎上の情景を描いたもので、そこには火災から逃げまどう公家《くげ》や庶民が朱雀門まで駆けてきた姿が描写されて、その朱雀門は重層《じゅうそう》の入母屋造《いりもやづくり》で、門の柱はすべて朱に塗られて、ほかの箇所が時代をへて退色《たいしょく》しているにもかかわらず、そこだけは美しく澄《す》んだ朱の色が彩色《さいしき》されている。

さらに時代は下《くだ》って朱の色をみれば、米沢《よねざわ》市の上杉《うえすぎ》家に伝わった「洛中洛外図屛風《らくちゅうらくがいずびょうぶ》」*にその色がある。

この屛風は桃山時代の京の都を鳥瞰《ちょうかん》するように描かれていて、往時《おうじ》の街の姿を一望できる。東山《ひがしやま》の麓《ふもと》には「清水寺《きよみずでら》」*、「祇園八坂神社《ぎおんやさかじんじゃ》」*、「南禅寺《なんぜんじ》」*、南には「東寺《とうじ》」*の五重塔、北に「相国寺《しょうこくじ》」*と、大きな神社や寺院のほとんどが朱塗りの柱で彩られているようすが見てとれる。

こうしてみると、奈良であれ京都であれ、政治の中心である大内裏をかこんで、おもだった建物はほとんどが鮮烈な朱塗りであり、都はずいぶんと壮麗《そうれい》な彩りにあふれていたことがわかる。山野も街中もいまよりもっと樹木が多かったから、朱の色が豊かな緑に映えて美しい対照をみせていたであろう。

先日も友人の車に同乗して、五条通りを東山へ向かっているとき、山の中腹に近年新しく塗り直された清水寺の三重塔の朱の色がずっと眼に入っていた。現代の建物を消してみれば、いにしえの京人は鴨《かも》の河原からも堀川《ほりかわ》の大路からも、清水寺は東山の緑のなかに朱《あか》く輝く建物として印象深くとらえていたことは想像できよう。

絹糸に染められる華美な色彩

稲荷大社と関係が深い秦氏《はた》が日本に渡来したころに日本の色、とりわけ染織と衣裳の色彩に大きな一歩が踏み出されていた。

四、五世紀ごろに大和政権が確立し、「倭《わ》の五王《ごおう》」*時代になって、いっそう中国や朝鮮半島の往来がさかんになり、かの地の秀《ひい》でた技術と文化を受け入れようとする気運が高まってきた。なかでも新羅《しらぎ》から渡来してきた秦氏は高い農業技術をもっていた。『新撰姓氏録《しんせんしょうじろく》』*に、

仁徳天皇の御世、一二七県の秦氏をもって諸郡に分置し、即ち養蚕・織絹してこれを貢せしむ。天皇詔して曰《いわ》く、秦王献ずるところの糸・綿・絹帛《きぬ》、朕服用するに柔軟、肌膚を温煖す。姓を波多公《はたのきみ》と賜う。秦公酒《はたのきみさけ》、雄略天皇の御世、糸綿帛委積みて岳のごとし、天皇こ

れを嘉《よみ》す。号を賜って禹都万佐《うずまさ》。

とあるように、中国よりすでに渡来していた養蚕の技術が、秦氏の指導によって全国に広められて、生産性も向上していたことがわかる。そして、美しい白い絹糸を紡《つむ》ぎだすとそれを染めて綾《あや》や錦《にしき》の鮮やかな織物にしようと努めた。

『日本書紀《にほんしょき》』の応神《おうじん》天皇三十七年には、

阿知使主、都加使主を呉《ご》に遣《つか》はして縫工女を求めしむ。呉王、工女の兄媛《えひめ》・弟媛《おとひめ》・呉織《くれおと》・穴織《あなおと》の四婦女を与えぬ。

とあり、中国から高級な錦を織る技術者を派遣《はけん》してくれるように要請している。くわえて藍染《あいぞめ》や紅花染《べにばなぞめ》、緑など鮮やかな色彩を染める技《わざ》と、それに用いる染料植物も渡来してくるようになった。

紅花を呉《くれ》の藍、すなわち呉《ご》（日本での呼称として、クレといっていた）の国からやってきた染料藍ということばは染料全般の意だった――で「クレノアイ」といいあらわしているところからもそれはわかる。

紅《べに》と紫《むらさき》という鮮明な色を表出する染料は、絹のような動物性の繊維《せんい》に美しく染まる。それまで日本人が用いてきた麻《あさ》、藤《ふじ》、楮《こうぞ》などの草木から採る植物性の繊維とは比べものにならないくらい澄んで美しい色となる。絹と植物染料が渡来してきたことによって、天皇を中心とする身分の高い人びとは、中国にならって華美な衣装を纏《まと》えるようになったのである。

秦氏はその絹の生産を全国に広め、さらには水田の耕作技術も向上させたとして、大和朝廷の厚遇《こうぐう》を受けるようになった。とくに聖徳太子《しょうとくたいし》が推古《すいこ》天皇の摂政《せっしょう》となり国を治めたときは、その財政、軍事、外交などの面に大いに力を発揮したといわれる。

そのため秦氏の地である太秦《うずまさ》（かつての葛野《かどの》郡葛野郷）に太子ゆかりの「広隆寺《こうりゅうじ》」*（初めは峰《みね》岡寺《おかでら》といった）を建立し、のちにその一族は賀茂《かも》川、桂《かつら》川の治水、水田の開発をし、伏見《ふしみ》、上賀《かみが》茂《も》、下鴨《しもがも》、松尾《まつお》の聖地に祀《まつ》った神社を隆盛させたのである。さらにいえば、平安京への遷都は、もともと秦氏の財政に頼ってのことであったともいわれている。

なお、往時、正月の子《ね》の日に田畑の豊作を祈り、蚕がよく育つように願う儀式があって、正倉院にはそれに使われた田を耕す「手辛鋤《てからすき》」と蚕室を掃いて蚕神をまつる「目利箒《めときぼうき》」が伝えられている。これも絹の生産がさかんになったことの証左といっていい。

伏見稲荷大社に詣《もう》でるとき、私は、その朱の色彩の強さに、古代人の色彩感を、太陽と火への畏怖を想起《そうき》し、また秦氏が振興《しんこう》した養蚕の、真白に輝く絹糸《きぬいと》へも連想がつながっていく。
そして、その細く艶《つや》やかな絹に紅、紫といった鮮烈な色を染めて華麗な染織品をどのように生みだしていったのか、想いは日本の色の流れにおよんでいくのである。

「伏見稲荷大社」 稲荷は稲生からの転訛というからもともと農業神であり、食物、とくに稲の神である倉稲魂を主神として祀る。以来、「衣食住ノ太祖ニシテ萬民豊楽ノ神霊ナリ」と信仰された。全国のお稲荷さんの総本社。初詣と初午祭はたいへんな賑わいをみせる。京都市伏見区深草藪之内町68〈JR稲荷駅または京阪伏見稲荷駅下車〉

「深草十二帝陵」 正式には深草北陵という。後深草天皇（在位一二四六〜五九）が埋葬された御陵に伏見天皇が祀られ、後伏見、北朝の後光厳、北朝の後円融、後小松、称光、後土御門、後柏原、後奈良、正親町、後陽成まで十二代にわたる天皇をひとつの陵墓に祀る。京都市伏見区深草坊町〈JR稲荷駅または京阪伏見稲荷駅下車〉

「元政庵」 元政上人（一六二三〜六八）が旧極楽寺の薬師堂跡に明暦元年（一六五五）草庵を営んだことにちなむ名で、寺名は瑞光寺という。庵名の元政は俗名を石井吉兵衛という武士だったが、病弱のため二十六歳で日蓮宗妙顕寺の日豊上人に師事して出家した。学識豊かで詩歌や文章にすぐれ、詩仙堂の主、石川丈山などと交

流があった。京都市伏見区深草坊町4〈JR稲荷駅または京阪伏見稲荷駅下車〉

「鳴沙山」　敦煌市の市街から南へ五キロの場所にある東西四〇キロ、南北二〇キロの巨大な砂山。砂山を登ると足元から崩れる砂が鳴くような音をたてることから鳴沙山と名づけられた。この東側の高さ五〇メートルの断崖に南北一六八〇メートルわたって掘られた七三五の石窟（石室）に二四一五体の仏像が安置された莫高窟《ばっこうくつ》がある。中国甘粛省敦煌市

「ヤルダン地形」　風や雨などによって地面の柔らかい部分が侵食され、堅い岩の部分が小山のように数多く残る地形のこと。敦煌市街から一八〇キロのところにヤルダン地形敦煌ヤルダン国家地質公園がある。

「鳥浜貝塚」　縄文時代草創期から前期にかけての貝塚。その周辺に住む人びとが三方湖に食料とした貝などのゴミを捨てていたらしい。生活用具も数多く出土し、土器や石器、赤漆塗の製品など水没状態であったため保存状態が良好で「縄文のタイムカプセル」とよばれる。とくに昭和四十七年（一九七二）に赤漆塗の櫛が出土し、その技術の高さが話題となった。福井県三方上中郡若狭町鳥浜122－12－1〈JR三方駅下車〉

「魏志倭人伝」　中国・魏の歴史書『三国志』中の「魏書」の通称。日本古代史についての最古の資料とされる。当時、倭（日本）に、女王卑弥呼が治める邪馬台国を中心とした国があることや、生活様式、風俗などがわずか二千数百字のなかに記されている。

「丹生川上神社」　天武天皇四年（六七五）に創建されたと伝わる。水をつかさどる高龗大神《たかおかみのおおかみ》を祀る。祈雨・

止雨に霊験あらたかと尊崇され、とくに天平宝字七年（七六三）に黒毛の馬を献上して以来、旱天《かんてん》に黒馬、祈雨に白馬を奉幣に加えるようになり朝廷からあつく保護された。本文で記したように「丹生」は深紅色の辰砂（水銀鉱）の産地を意味する。奈良県吉野郡下市町長谷1-1（下社）〈近鉄下市口からバスで長谷バス停下車〉

「法隆寺」　創建は諸説あるが、寺伝では用明天皇が自身の病気平癒を祈って寺と仏像の造立を誓願したが、生前にはかなわず推古天皇と聖徳太子が遺志をついで推古天皇十五年（六〇七）に創建したという。金堂（世界最古の木造建築）、五重塔を中心とする西院伽藍と、夢殿を中心とする東院伽藍があり、国宝・重要文化財は約一九〇件、点数にして二三〇〇余点におよぶ。平成五年、法隆寺地域の仏教建造物として日本で最初の世界遺産指定を受けた。奈良県生駒郡斑鳩町法隆寺山内1-1〈JR法隆寺駅下車〉

「慈光院」　大和小泉藩二代目藩主片桐貞昌《さだまさ》（石州）が、初代藩主で父の貞隆の菩提寺として領地内に京都大徳寺の玉舟和尚を開山に迎えて、江戸初期に建立した。石州は徳川四代家綱の茶道指南役を務めた。書院からながめる庭は秀逸。大和郡山市小泉町865〈JR大和小泉駅下車〉

「法起寺」　推古天皇十四年（六〇六）聖徳太子が法華経を講説した岡本宮を、太子の遺命により息子の山背大兄王が寺に改めたと伝わる。創建当時は中門を入って右に三重塔、左に金堂が配され、法隆寺の配置と逆になっていた。平安期に衰退し、鎌倉期に修復されるがのちに荒廃して、江戸時代には三重塔だけをのこすだけとなった。日本最古の三重塔である。生駒郡斑鳩町大字岡本1873〈JR法隆寺駅下車〉

「洛中洛外図屏風（上杉本）」　京都を俯瞰《ふかん》したように洛中（市中）と洛外（郊外）の名所や四季、風俗を描いた屏風で、室町時代以降、同じようなものが数多く描かれた。上杉本は、織田信長が天正二年（一五七四）に狩野永徳筆の屏風を上杉謙信に贈ったものと伝わるもの。山形県の米沢市上杉博物館で複製や拡大図を見ることができる（上杉博物館は米沢市丸の内1-2-1）。

「清水寺」　宝亀九年（七七八）、奈良子嶋寺《こじまでら》の延鎮《えんちん》上人は霊夢によって音羽山麓にある滝にたどりつく。そのほとりに草庵をむすんでいた行叡《ぎょうえい》居士より延鎮が霊木を授かり、千手観音像を刻んで観音霊地を守るよう遺命を受けたのがはじまりと寺伝はいう。その後、延暦十七年（七九八）、坂上田村麻呂が延鎮に出会い、ともに金色の十一面千手観音像を造り、また田村麻呂の夫人が仏堂を寄進して寺観が整っていったという。何度も焼失したが、徳川家光が本堂を再建した。朱が鮮やかな三重塔、懸崖造《けんがいづくり》の清水の舞台など多くの観光客を集める。
京都市東山区清水1〈市バス清水道バス停下車〉

「祇園八坂神社」　四条通の東端に西楼門の鮮やかな朱色をみせる八坂神社は、斉明天皇二年（六五六）高麗より来朝した八坂氏の祖が新羅の牛頭山に祀っていた素戔嗚尊《すさのおのみこと》の霊を移して祀ったことがはじまりとも、貞観十八年（八七六）興福寺の僧円如が牛頭天王（薬師如来の垂迹）を迎えて建立したのがはじまりともいわれる。慶応四年（一八六八）に八坂神社と改称されるまで「感神院」「祇園社」とよばれていた。京都市東山区祇園町北側625〈京阪祇園四条駅または市バス祇園バス停下車〉

「南禅寺」　臨済宗大本山の南禅寺は亀山天皇が造営した禅林寺殿（離宮）が前身で、帝は正応二年（一二八九）ここで落飾して法王となった。二年後、法王は帰依していた無関普門を開山に迎えて南禅寺（当初は龍安山禅林禅寺）を開創。歌舞伎の『金門（楼門）五三桐』の石川五右衛門のセリフ「絶景かな」で有名な三門は、藤堂高虎が大坂夏の陣の死者を弔うために寛永五年（一六二八）に再建したもの。また境内にある明治時代の水路閣（琵琶湖疏水の水道橋）の赤レンガの風景もよく知られる。京都市左京区南禅寺福地町86〈市営地下鉄蹴上駅下車〉

「東寺」　正式には教王護国寺という。延暦十五年（七九六）国家鎮護のため桓武天皇により平安京の羅城門の東西に建立がはじまった二寺のうち東側の官寺である。弘仁十四年（八二三）に空海が入寺して真言密教の道場となった。京都の風景として馴染み深い五重塔は寛永二十一年（一六四四）に再建（五回目）されたもので、高さは五五メートル。また空海の月命日である二十一日に毎月おこなわれる弘法さんの縁日では骨董、生活用品、食品などの露店が境内を埋め尽くす。京都市南区九条町1〈近鉄東寺駅下車〉

「相国寺」　足利義満の「花の御所」とよばれた室町殿の東側に永徳二年（一三八二）から約十年をかけて建立された臨済禅寺。義満が帰依する夢窓疎石《むそうそせき》を追請開山に、疎石の弟子春屋妙葩《しゅんおくみょうは》を二世とする。何度も焼失と再建をくり返し、現在みる伽藍は文化年間（一八〇四～一八）のもの。京都市上京区今出川町烏丸東入ル相国寺門前町701〈市営地下鉄今出川駅下車〉

「倭の五王」　中国南朝の宋（四二〇～七九）に貢ぎ物を送った倭（日本）の五人の王のことで讃、珍、済、興、武と記されている。五王がだれかについては諸説あるが、通説では仁徳、反正、允恭、安康、雄略各天皇をあてている。

『新撰姓氏録』　嵯峨天皇の命によりに編纂された古代氏族名鑑（八一五年）。京や畿内に本籍をもつ一一八二氏を出自や家系によって「皇別」「神別」「諸蕃」に分類して、氏名の由来などを記した書。

「広隆寺」　推古天皇十一年（六〇三）聖徳太子から一体の仏像を賜った秦河勝が、その仏像を本尊として寺を建立した蜂岡寺が起源とされるが、創建には諸説ある。霊宝殿に収蔵される弥勒菩薩半跏《はんか》思惟《しい》像の美しさに多くの人が訪れる寺である。京都市右京区太秦蜂岡町32〈京福電気鉄道（嵐電）太秦広隆寺駅下車〉

二月……「お水取《みずと》り」の行事と染和紙《そめわし》と紙衣《かみこ》

紙の普及がもたらした文化

二月は暦のうえでは立春を迎えるが、京の底冷《そこび》えはこのころが本番である。その寒さのなか、私の工房では一月から二月にかけて和紙の染色をもっぱらとする。手漉《てす》きの真白な和紙を真赤な紅花をおもに、黄、紫、緑など多彩な色に染めていく。それらの和紙は、二月二十日の試別火《ころべっか》にはじまり、三月十四日までおこなわれる「お水取り」（東大寺二月堂修二会《しゅにえ》）と、三月三十日からおこなわれる西ノ京《にしのきょう》、薬師寺《やくしじ》の花会式《はなえしき》を飾る造《つく》り花になるのである（平成二十六年より三月二十五日～三十一日）。

さて、絹、紙、火薬、磁針《じしん》、そして印刷は中国人の偉大な発明といわれている。

それまで文明の発達した地域では、文字に記して法典《ほうてん》や経典《きょうてん》を残そうとするとき、粘土《ねんど》や石、金属に彫り込んだり、竹や木の皮、麻の布、それにエジプトではパピルスという草の茎の繊維を合わせたもの、中近東や地中海地域では羊《ひつじ》の皮（パーチメント）に書いていた。これらは重くて持ち運びが不便で、また木や竹にしても幅がせまく記される文字の量が限られ、しかも一定の量の確保がむずかしかった。

紙の発明は、中国の後漢《ごかん》時代、西暦でいえば一世紀のころの宦官《かんがん》*で、宮中の道具類をつくる役職にあった蔡倫《さいりん》という人物が樹皮や麻のぼろ裂《ぎれ》、魚網《ぎょもう》などを砕いてこまかな繊維にし、それを漉《す》いて紙にして和帝《わてい》に献上《けんじょう》したのがはじまりとされている。

紙の発明とその生産の普及は国家にとってきわめて大切なことで、紙によって人民の戸籍をつくり、法制を詳《つまび》らかにし、学問を広め、文芸を高める役割は計り知れないものがあった。

初期の製紙は、麻、桑《くわ》、藤《ふじ》、麦《むぎ》、稲藁《いなわら》、竹、それに水苔《みずごけ》にいたるまで多用な植物の繊維が試みられたようであるが、やがて麻・楮《こうぞ》・雁皮《がんぴ》・竹など、白く美しく軽い素材が選ばれるようになっていった。

紙の生産が国の発展に欠かすことができないとなると、紙を漉く技術が東へ西へと伝わっていったのは当然である。日本へは高句麗《こうくり》の僧曇徴《どんちょう》が推古天皇十八年（六一〇）に来日して墨と紙を伝えたといわれており、同僧はまた絵画と書の創始者とされている。

その後の日本での製紙技術の発展はめざましく、国民を掌握《しょうあく》して記録する戸籍に、仏教典の写経《しゃきょう》、典籍《てんせき》の筆写にかなりの量の紙が漉かれていった。これらはさいわいに、法隆寺、東大寺正倉院《しょうそういん》などにいまも伝えられ、往時の製紙技術の高さをつぶさにみせてくれる。

また、紙を漉くことと同時に色を染めることもおこなわれ、黄紙《おうし》、紫紙《しし》、紺紙《こんし》など植物染料で染められたり、あるいは顔料《がんりよう》で彩色されたりした紙が遺《のこ》されている。

日本人は手先が器用なせいか、製紙技術は全国にかなり早く伝えられ、各地に紙郷《しきよう》ができていった。そののち国の成長とともに製紙技術は向上し、それまでの麻、斐紙《ひし》（雁皮紙《がんぴし》）、楮《こうぞ》といった三種の原材料にくわえて、三椏《みつまた》も使われるようになった。

さらに江戸時代の幕藩《ばくはん》体制になると、各藩の大名は領地のなかに製紙所を設けるようになった。北は東北の岩手から南は沖縄まで、それぞれの風土にあった製紙がおこなわれるようになり、なかには美濃《みの》、越前《えちぜん》のように全国的にも著名な産地も出現したのである。

そして、明治になるとヨーロッパから輸入された機械製紙の技術によって大量生産され、原材料もパルプとかわり、安価な洋紙ができるようになった。以来、百数十年の歳月をへて各地の手漉きの紙は、少しずつ減少しているが、世界の各国がほとんどといっていいほど手漉きの技を失っていることに比べれば、日本はまだ多くを残しているといっていい。

陸奥《みちのく》に手漉《てす》きの和紙を訪ねる

日本の伝統色を考えるとき、手で漉かれた純白の和紙というものが原初として欠くことができない。

紙は書をしたため、物を包むだけでなく、われわれは「紙衣《かみこ》」という衣服にもしてきたという事実を考えなければならない。このことは奈良東大寺の修二会（お水取り）においていまもみることができる。

その手漉き和紙の伝統を守っている一人で、修二会の紙衣用の製紙を担《にな》っている宮城県白石の、いまは亡き遠藤忠雄さんをなんどか訪ねたことがある。

白石は伊達政宗《だてまさむね》が元和《げんな》年間（一六一五〜二四）に紙を漉くことを奨励するために藩内に楮《こうぞ》の木を植えさせた地で、しだいに紙の産地として知られるようになった。『枕草子《まくらのそうし》』にも、

白く清げなる陸奥紙に、いといと細う書くべくはあらぬ筆して、詩書きたる。

と記されているように、平安の昔から陸奥には良質の和紙の産地がいくつか点在していた。それは紙の生産には清らかな水と冬の寒さが欠くことのできないものだからである。

東北新幹線の白石蔵王《しらいしざおう》駅に近づくと蔵王山の鋭角な峰に白く厚い雪が積もり、山頂には薄い雲が輪を巻き、そこに朝の陽が当たって、あるかなしかの淡い色彩が動きつづけている。

遠藤さんが「この寒さがいいのですよ」といっていたほど蔵王の峰から吹きおろす風が激しく

頬《ほお》にあたる。工房の前の大きな溜池《ためいけ》に氷が厚く張っていた。近くには白石の昔のおもかげを伝える土蔵があって、その軒先に樹木からはがした黒皮が干されて、いかにも紙の郷らしい景色がみられる。

和紙の材料としては先にも書いたように、奈良時代の昔より、麻、楮、雁皮が用いられ、そのあとに三椏が加わった。

この白石で使われている繊維も楮系のものではあるが、一般のクワ科のものではなく、カジの木の雌株で虎《とら》の緒《お》とよばれているのを使っている。これは繊維が長く紙を漉くときによく絡《から》み合って風合《ふうあい》のいい丈夫な紙に仕上がる。

樹枝は秋に伐採《ばっさい》して乾燥させて保存しておく。束《たば》ねて大きな蒸し器に入れて、沸点《ふってん》に達した蒸気によって柔らかくする。およそ二時間後、いっきに水をかけて粗熱《あらねつ》をとる。また、凍《こお》りついていた溜池に放りこんでおくこともある。熱いうちに冷水に浸《ひた》すと、皮と芯《しん》の間に水がはいって皮が剥《は》ぎやすくなるそうで、その作業も手際《てぎわ》よくやらなければならない。

つぎに皮を剥ぐ作業となる。樹の先端の皮を少しひねって芯がみえると、右手に皮、左手に芯を持って裂《さ》くように引っぱると黄色い芯と黒皮が分かれる。黒皮は土蔵の前で干されて紙の原材料となる。

紙にするには、皮の黒い部分がじゃまになる。乾燥した黒皮を水に浸して外皮の黒い部分を包《ほう》丁《ちょう》で剥ぐと、やや緑色の内皮《ないひ》がみえる。この部分が白皮《はくひ》とよんでいるところで、この繊維を細かく砕いてから絡《から》み合わせて紙料《しりょう》とする。水に浸けたあとは、野外に干される。そこに蔵王おろしの冷たい風が夜中にあたって凍ってしまう。

翌日、太陽が照って温度が上がると氷は水となって皮からしたたり落ちるが、それと同時に繊維についている不純物もいっしょに流れるのである。さらには一面に積もった雪の反射光線を受けて、より白く晒《さら》される。これを木灰《きばい》と煮てより柔らかくして、そのあとゆるやかな流水のなかで塵《ちり》をていねいに手で取りのぞくのである。

すっかり洗われた白皮は臼《うす》に入れて叩いて崩《くず》され、こまやかな白線の集まりのようになってから、紙を漉く桶《おけ》に入れられる。大きな桶のなかには水が張られて、その紙料は、長いおい棒で、すぼすぼ、という音を立てて混ぜられる。遠藤さんの手はなにげなく動いているようにみえるが、深い水のなかをまんべんなくかきまぜるのはかなりの重労働であろう。

さらにトロロアオイやニレノキという植物から採った粘液《ねんえき》で、通常「ネリ」とよばれる粘着性の液を入れる。少し水にトロ味をつけて繊維を浮上させて、それを簀子《すのこ》のうえにゆっくりと流し動かし、絡《から》ませながら紙の層をつくっていくわけである。

竹簀《たけす》（漉《すき》）のなかにいれて、二度、三度すばやく掬《すく》うと、竹簀を縦に揺《ゆ》する。たぼ、たぼという音を立てて、紙料はさざ波を立てて動く。紙衣に用いる紙は繊維がよく絡むように縦にも横にも揺する。いわゆる十文字漉きである。

漉くリズムははじめ早く、紙層が適当な厚さになったところで、余分な紙料と水は漉桶《すきおけ》に返される。竹簀に絡まった一枚の紙は紙床《かみどこ》とよばれるところへ返しておかれる。一枚また一枚と濡れた紙がかさなっていくようすは、淡い雪がゆっくりと積もっていくようである。

漉きあがった和紙は、現在はステンレスを張った板に干される。遠藤さんの自宅の前に立てかけられて、冬の太陽を浴びて乾燥して、雪に反射した紫外線でより白く輝くのである。こうして修二会で使われる衣料用の紙ができあがっていく。

お水取りの練行衆の紙衣造り

東大寺*は「奈良の大仏さん」で親しまれる南都《なんと》の大寺である。

平城京に都が遷《うつ》され、日本が唐《とう》の影響をうけながらようやく国家体制を固めつつあったころ、聖武《しょうむ》天皇はこの都の東端に大きな聖域を建立した。

天平《てんぴょう》十五年（七四三）に大仏建立《こんりゅう》の勅《ちょく》が発せられ、その八年後の天平勝宝《しょうほう》三年（七五一）にとてつもなく巨大な大仏殿が完成した。そして翌年、中国はもとよりペルシャ、インドなどはる

日本最大級の木造建築である東大寺仏殿

かシルクロードの国々からも来賓《らいひん》が列席したといわれる大仏開眼供養《かいげんくよう》が華やかに営まれたのである。

その記念すべき年、東大寺を開山《かいざん》した良弁《ろうべん》僧正の高弟であった実忠《じっちゅう》和尚は、大仏殿より東の普陀落山《ふだらくさん》のひっそりとした奥院に、十一面観音を祀《まつ》る堂宇《どうう》を建て、二月に法要をおこなうことを決めた。東大寺修二会、いわゆるお水取りのはじまりである。

実忠はあるとき、木津川《きづがわ》上流にある笠置《かさぎ》という村に出向いた。笠置はいまも険しい断崖がみられる地だが、そこの竜穴《りゅうけつ》のなかで、実忠は菩薩《ぼさつ》が行法《ぎょうほう》をおこなっている幻想をみたのである。これを実際におこなおうと大仏殿より東の奥の山中に、十一面観音を祀る二月堂を建てて、旧暦の二月に十四日間の厳しい行法を修することにしたのである。
それは、十一面観音へ罪過《ざいか》を懺悔《さんげ》（過去の罪を告白する）して罪の生滅《しょうめつ》とともに天下泰平《てんかたいへい》、風《ふう》雨順次《うじゅんじ》、五穀成就《ごこくじょうじゅ》、人民快楽《じんみんけらく》を祈る、官立の大寺として、国家の安全と人民の幸福への法会《ほうえ》である。そのときから今日まで一回たりとも休まずおこなわれており、平成二十六年で千二百六十三回にもおよんでいる。

旧暦の二月におこなわれることから修二会《しゅにえ》といい、その間に練行衆《れんぎょうしゅう》が二月堂の下にある「閼《あ》伽井屋《かいや》」*の井戸から水をくんで観音に献《けん》じるところから「お水取《みずと》り」とよばれて、南都最大の行事となったのである。

参加する練行衆は十一人。二月二十日から長い修行に備えるために、別火坊《べっかぼう》と称される戒壇院《かいだんいん》の寺務所にこもって必要なものを調える。

そのうちのひとつが期間中にみずから着用する紙衣造りである。

二月二十六日からの総別火《そうべっか》より、いっさいの生活を共同で、精進《しょうじん》のときを過ごすために、食事はもちろんのこと、衣類も清浄なものを用いる。つまり、これは修二会のときに練行衆のなかの指導者的な役割を受けもち、一同に戒《かい》を授ける和上《わじょう》の「八斎戒《はっさいかい》」のうちの殺生をしないこと（不殺生戒）、美しい飾りをつけたり、香衣を纏ったりして自分飾りたてないこと（不着花瓔珞不香塗身不香蔵衣戒）にあたる。

紙を着るということは現代人からみれば不思議に思うかもしれないが、こうした寒い期間の修行には保温と清浄さを兼ね、古い時代から紙の衣が用いられてきた。

中国の唐の時代、大暦《だいれき》年間のある僧侶は修行をしているときは絹布を着ないで、いつも紙衣を着ていたので「紙衣禅師」とよばれていたという話が『太平広記』（北宋時代の百科事典の一種）にある。また、日本では空海《くうかい》が著した『三教指帰《さんごうしいき》』の巻下「仮名乞児論《かめいこつじ》」の一節に「紙袍《かみこ》に葛織《くずお》りの褞《どてら》は二肩を蔽《おお》わず」と記されていて、中国と同じように、粗末ではあるが、精神性のあらわれた衣料として古くから用いられてきたことがわかる。

東大寺修二会もその起源よりそのまま天平時代の香りを伝えていて、紙衣の歴史の深さを知ることができるのである。

真白な紙から生まれる文様

遠藤さんは毎年二月の十日ころ、白石から奈良東大寺まで、紙衣用に漉いた紙を届けに来ていたが、亡くなったあとは奥さんのまし子さんが届けている。遠藤さんが納める紙は六百枚。以前

紙衣を着て造り花をしつらえる練行衆ら

から使われていた四国の野村町で漉かれた宇和仙花紙《うわせんか》も加えて紙衣用と帯、それに紙手という練行衆の小物入れにも使われる。

一人に与えられるのは仙花紙判幅三一・五×四三センチで六十数枚。そのうち背丈によって少し違うが約四十枚を紙衣《かみこ》として絞《しぼ》り、あとは帯に使う。帯は後年帯《こうねんたい》という珍しい名称があるが、これはこの年の試別火に絞ったものは、つぎに練行衆が選ばれるときまで保存しておくためである。

その年の二月二十六日からの総別火に着るものは昨年より前に調えたものを奉書紙《ほうしょがみ》に包んで大切に保存しておいて、十二月十六日に練行衆が決まってから仕立てるわけである。そのため初めて参加するいわゆる新衆は、ほかの人から借りて着用し、今年は二枚分絞って、一つを返すことになる。こうした修二会の約束事が連綿《れんめん》とつづいていく。

紙を絞るということは、最初に紙を手で揉みあげて柔らかくし、つぎに一枚ないし二枚を竹筒に巻き、そのうえにさらに太く短い竹の輪をはめて板の台の上で、上から下へ押す。つぎに和紙を広げて横にして、縦横反対に巻きつけて同じように押す。これを表裏くり返すと紙に皺《しわ》がついていく。実際に揉んでいる練行衆に聞くと、材料もよく、美しく漉かれた和紙は、揉んでいくうちに真綿《まわた》のように柔らかく、さらに空気を包みこんで丈夫《じょうぶ》になるという。

二月二十四日の午後、同じ別火坊の千年堂のなかで一枚の布に変身した紙衣に寒天《かんてん》を引く作業がおこなわれる。

白石をはじめとして古くからの紙漉場《かみすきば》において紙衣造りは蒟蒻糊《こんにゃく》をつけて、手だけでゆっくりと揉み、それを二、三回くり返すのが通常であるが、東大寺の修二会では紙の毛羽立《けばだ》ちを押さえるために寒天を引く。

昼下がりの別火坊は、声明《しょうみょう》の練習の声が響きわたり、堂のわきの廊下では七輪に火がおこされ、鍋にお湯がたぎっている。このなかに寒天が二本溶かされている。

ほの暗い堂内に障子を通してわずかな光が漏れてくるなか、一人分の紙衣を巻いた揉み紙の輪がはずされて、さっさっと一枚を軽く延《の》ばすと、寒天を溶かした鍋の湯に浸《ひた》した刷毛《はけ》で手早く引いていく。五、六列と一人分の単位に印を残しながら堂の床に並べられていく。

ほのかな光を受けたその紙衣は、皺がまるでさざ波が立っているようで、遠くからだと青海波《せいがいは》文《もん》にもみえて、無地の真白な紙が美しい文様をほどこされているようにみえる。

こうして十一人分の紙衣に寒天が引かれて干されたあと、これは翌年以後にこもる練行衆のものとして保存される。二十六日からの総別火に着るものはそれ以前の試別火において、まったく同じように造られたもので、一千年以上つづいている不退《ふたい》の行法の証《あかし》のひとつが紙一枚にもあるわけである。

この紙衣を着けた練行衆に出会えるのは二月二十六日の総別火になってからである。

「宦官」　後宮に仕えた去勢男子。世界中にあった制度で、東洋では中国で盛行し、君主に近いため政権に影響をもつ人物もいた。中国最後の王朝、清が滅びたさい、宮廷から追放された宦官は千人以上もいたという。しかし日本では、宦官制度は広まらなかった。

「東大寺」「奈良の大仏さん」を目当てに世界中から観光客が詣でる東大寺は、聖武天皇が皇子の基王《もといおう》の菩提を弔うために建立した金鐘寺《こんしょうじ》が前身とされる。天平十四年（七四二）ごろに全国に配置された国分寺の総国分寺として金光明寺となり、「東の大寺」と称された。大仏造立の詔は天平十五年（七四三）に紫香楽宮《しがらきのみや》（滋賀県）で発せられたが、二年後に都は平城京へ戻り、天平勝宝四年（七五二）に開眼供養がおこなわれた。大仏殿は戦火により二度焼失し、現在みる建物は江戸時代のもの。三月の「お水取り（修二会）」で有名な二月堂は、戦火を免れたが寛文七年（一六六七）のお水取りの最中に失火で焼失し、二年後に再建された。そのほか、鎌倉時代の様式をみせる南大門、優仏を収める法華堂など見どころが多い。奈良市雑司町406-1〈奈良交通バス東大寺大仏殿または大仏殿・春日大社前バス停下車〉

「閼伽井屋」　閼伽とは仏前の供える水を意味し、閼伽井は閼伽を汲む井戸。二月堂の閼伽井は修二会がはじまったさい、実忠が全国の神々の名を呼んで来臨を請うたが、若狭の遠敷《おにゅう》明神だけ釣りをしていて遅れてしまった。そのお詫びに遠敷明神は若狭の水（香水《こうずい》）を用意し、二月堂のかたわらの大岩で祈願すると岩が割れて白と黒の鵜が飛び出し、その穴から泉が吹き出した。この水を汲んで本尊に捧げることから二月堂の修二会は「お水取り」の名で呼ばれるようになったという。

三月……四川省《しせんしょう》の紅花が東大寺二月堂に映える

冬の陽のなか椿の花が咲く

私が家業の染屋《そめや》を継《つ》いでから、毎年二月二十三日の花拵《はなごしら》えの日は特別な一日となっている。この日は東大寺修二会（お水取り）の本行のさい十一面観音にささげる椿の造り花が、堂内にこもる参籠衆《さんろうしゅう》の手によって整えられる日なのである。

というのは、私の工房で正月から深紅《ふかきくれない》に染めた和紙と、支子《くちなし》で黄色に染めた和紙、それに染めていない白和紙をおさめ、その染和紙が椿の花となっていくさまをみることができるからである。

かれらのあつまる別火坊《べっかぼう》に上がって、練行衆《れんぎょうしゅう》や堂童子《どうどうじ》（練行衆の世話をする人）の方々と挨拶を交わし、廊下を渡って南の広間へと向かう。

縁側には三月一日からの本行のときに二月堂の内陣《ないじん》で履《は》く差懸《さしかけ》という木履《きぐつ》に、呉粉《ごふん》を塗って和紙に家紋を染めぬいた爪皮《つめかわ》が張られて陽に干されていて、本行への備えが着々となされているようすがみえる。

午前九時半ごろになると、広間には豊島莚《てしまざ》という莚《ござ》が敷かれ、そこが浄座をあらわしており、このうえで練行衆、堂童子が円座になり花拵えがはじまる。

深紅と白の和紙は包丁で横に四等分されて、椿の花の先はやや丸く、細長い花弁の形に鋏《はさみ》が入れられていく。花の芯《しん》はタラの木で、長さ三センチほどの五角形に削られてある。ここではタラが訛《なま》って「タロの木」とよばれている。それに支子で染めた黄色紙を細かく裁《た》って丸く巻く。これが椿の花の蕊《しべ》で、練行衆は「におい」とよんでいる。

これに紅三枚と白二枚の和紙を交互に貼ると椿の花の形になっていく。このように赤と白の花びらが交互にあるものは「一枚かわり」とか「さしまぜ」という品種だといわれる。二月堂の前の開山堂に糊《のり》こぼしという椿（良弁椿とも）があって、ちょうどお水取りのころに美しい花をつけるので、この椿がその手本ともいわれてきた。また近年、松山の旧家で江戸時代の狩野《かのう》派の絵師による、この「さしまぜ」が描かれたものが発見されたという。現代ではもう絶滅した品種といわれている。

造り花はおよそ四百個余り、お昼近くまでかけてつくられる。この時期はまた試別火《ころべつか》でもあるから練行衆もなごやかで、ときおり、和上《わじょう》や導師《どうし》など参籠の経験の多い人が新参の人に、切り方、貼り方を教えながらすすんでゆく。

その隣では、赤や黄の実をつけた南天《なんてん》を三十センチほどの青竹二本に紙のこよりで結びつけていく。これをおよそ五十本、四つの木の樽のようなものに挿《さ》し、部屋の片隅に吊られる。

同時にもう一個所では、二月堂内での灯《あか》りとなる灯心《とうしん》も調えられる。これにはイグサの芯が用いられ、どの位置に何本が必要かとの決まりがあるらしく、包丁で切ったあと、古い記録を参考にしながら数をしきりに読んでいる。

こうして椿の造り花が完成すると、それらは「ユリナ」とよばれている縁《ふち》のついた漆《うるし》の丸盆にいったん納められる。ひととおりの作業がすむと、広間は静かな佇《たたず》まいに戻る。

南側に面した障子から淡い冬の陽を受けて、深紅の花は、和紙と天然の染料によってかもしだされる柔らかな花弁の美しさをみせてくれる。南天の赤と黄、椿の花、そして堂内にほのかな橙《だいだいいろ》色を灯す灯心の箱が置かれて、荘厳さを演出する色と灯りの調度がそろい、いつもと変わりなくとりおこなわれたことに感慨《かんがい》をおぼえるのである。

この椿の花の深紅の色は「紅花《べにばな》」という植物染料で染める。

紅花は植物学的にいうとキク科の二年草で、中国では五月から六月にかけて、日本では七月に黄色と赤の混じった美しい花を咲かせる。アザミの草とよく似ていて、おおかたのものはトゲがある。植物染料のなかでも花の部分を染料にするというものはこの紅花くらいで、しかも咲いている花色の状況と染まる色が一致する。

紅花の産地四川省を訪ねる

紅花は現在、日本では山形県の最上川《もがみがわ》周辺で、中国では四川省《しせん》、河南省《かなん》、浙江省《せっこう》、新疆《しんきょう》ウイグル自治区、チベット自治区などで栽培されている。中国ではもっぱら漢方薬として用いられていて、なかでも四川省で産するものは赤味が強く一番上等といわれる。紅花には赤色と黄色の二種類の色素があって、赤色の多いほうが良質である。

鮮やかな黄紅色の花を咲かせる紅花

紅花の咲くさかりに四川省を訪ねたいと思っていたが、二十年ほど前の五月にようやく念願がかなえられた。北京経由で四川省の中心地である成都《せいと》に向かった。

成都は古くより漢方薬の原料の集散地として知られたところで、なかでも市内にある荷花池市場は巨大な野球場のようなところでびっしりと漢方薬の原料が並べられている。色を染める植物染料と漢方薬は共通なものが多く、市場のなかを歩き回ると、茶や黒になる檳榔樹《びんろうじゅ》、淡茶色に染まる丁子《ちょうじ》、黄色系の黄蘗《きはだ》や鬱金《うこん》などがところせましと並べられている。

紅花の産地は郊外の農村各地に散在しているらしいが、簡陽《かんよう》という街の近くがとりわけ良質のものが採れるということで、成都から高速道路を使って二時間ほど走って行った。ちょうどそのころは麦秋《ばくしゅう》の季節で、刈り入れと脱穀《だっこく》がおこなわれ、農村の人びとが忙しそうに働く風景がみられる。三岔湖という広くて細長い湖を過ぎると、静かな簡陽の街に着いた。

翌朝早く、車に乗って紅花畑へ出かけようとして外に出たら深い霧であった。このあたりは肥《ひ》沃《よく》な土地と温暖な気候にくわえていつも霧が深く、直接に太陽が作物に当たらないので柔らかくてみずみずしい野菜や果物ができるという。

四川省では一年に三〇トン近い紅花が収穫されると聞いていたから、見渡すかぎりの紅花の咲き乱れる風景を楽しみにしていた。一軒の農家は自分の土地に麦、菜の花、トマト、トウモロコシなどの野菜を植えていて、そのなかに紅花も混在している。

紅花を広く耕作しているところへ案内してもらう。そこは少し起伏のある丘で、まわりはさらに小高い山に囲まれていて、盆地のようになっている。車窓からみると紅花の畑はその丈《たけ》がほかの作物よりもわずかに高く、黄と赤の花が畑にちりばめられたようにみえている。細い畝《うね》を伝って近づいてみると、花は上に黄色、下に赤の鮮やかな色素を含んで咲いている。その花と花を渡ってモンシロチョウやミツバチが数えきれないほど舞っている。

麦は黄金色《こがねいろ》になってもう刈り取りを待つばかり、トウモロコシやサツマイモはまだ植えられた小さな苗で、紅花畑だけが五月の風を受けて華やかな景色をみせている。

紅花は露が残っている朝早いときに摘まなければならない。棘《とげ》がたくさんあって、露に濡れているときでないと手に刺さるからである。その朝は家族総出で、中学生くらいの男の子と女の子も紅花を摘んでは籠《かご》に入れていた。

種は十月に播《ま》くそうで、冬を土のなかで越して二月の旧正月に芽を出して成長していく。なんどか肥料を与えていると、さらに背丈は伸びて四月の終わりに一番花が咲くという。摘み採られた花は大きな平たい竹籠に入れられて陽に当てられると、やがて黄赤色からより赤くなってくる。この乾燥させた紅花の花、これを私たちは「散花《さんか》」とよんでいるが、秋になって集荷され、成都から私の工房へやってくる。

そもそも紅花は、中国に古くからあった植物ではなくて、エジプトあるいはペルシャ方面、つまり中近東がその原産地とされている。古代エジプトのミイラを包んでいた亜麻《あま》は黄色に染められていて、それが紅花で染められていたという報告がある。

紅花には黄と赤の色素が含まれているが、はじめは黄色が染料として使われていたという。やがて紅花は赤の染料と化粧品としてシルクロードを東へと向かい、紀元前二、三世紀に中国の西方にあった匈奴《きようど》に到達した。

匈奴は、漢民族をおびやかす北方の遊牧民で、前漢《ぜんかん》の武帝《ぶてい》は紀元前一二七年に攻め、紅花のすぐれた産地である現在の甘粛《かんしゆく》省と青海《せいかい》省の境にある祁連《きれん》・燕支山《えんしざん》を領地として奪った。そのとき匈奴の王はそれを嘆《なげ》いて、

「我が燕支山を失う、我が婦女をして顔色《がんしよく》無《な》からしむ」

といったといわれる。

紅花は染料として用いられていたが、精製して顔料のようにして高貴な女性の化粧品にもなっていたので、美女の顔を赤色に粧《よそお》うもとがなくなってしまうと嘆いたのである。

それ以後、中国では紅花の栽培が、染色と化粧用の彩色、そして漢方薬として利用されて広まっていった。それまで化粧品にする赤色は水銀分を含む朱《しゆ》が用いられていたが、かなり有毒なものであった。ところが紅花は輝くように美しいばかりか、血液の循環《じゆんかん》を促《うなが》すという薬効もあって、この化粧法は大いに広まっていったのである。

日本へは六一〇年に来朝した高句麗《こうくり》の僧、曇徴《どんちよう》が伝えたといわれるが、染料としての輸入はもっと早かったようで、奈良県桜井市の「纏向《まきむく》遺跡」*では三世紀前半の遺跡の溝跡から大量の紅花の花粉が発見されている。

美しく澄んだ赤を得るために

花をみてもわかるように紅花は小さな花びら一枚一枚に黄と赤の色素を含んでいる。私のように染色をする立場からは、赤ができるだけ多く、黄味の少ないものをよしとする。四川省のものは赤く鮮やかな紅色を出してくれる。肥沃な地と深い霧のかかる気候とが相まって、さすがに上質なものが育っているのだ。

私の工房で一日に染める量は、四キロほどで、まず紅花の散花を水に浸けて、一晩ないし二晩そのまま放っておく。つぎの日、水を十分に含んだ散花をザルにあげて手で押して水を切る。すると、ザルからは黄色の色素、専門的にいうとサフロールイエローが流れていく。

この黄色は捨ててしまうのだが見学にきた人は必ずもったいないという。かつて山形あたりでは、この黄色で子どもの産着《うぶぎ》を染めたそうで、血液の循環がよくなるからであろう。

また、出雲《いずも》では子どもが産まれたら木綿《もめん》の藍染めの湯上《ゆあ》げを嫁の里からお祝いとして届ける習《なら》わしがある。その片隅に白い部分を残して紅花で染めておく。その部分で赤ん坊の眼を拭いてやると目脂《めやに》がたまらないといわれるからである。

ともあれ、したたるような紅色がほしいのでどんどんと押し絞って黄色を捨てる。絞った花にまた水を入れてかき回して、さらに黄色を流す。冷たい水のなかに手を入れて、そしてザルに上げて絞る。朝早くからの作業で手はかじかんでくるし、ときどき紅花の棘が残っていて手に刺さることもある。

しかし、紅花に触れているとやがて血行がよくなってきて、手をぬぐうと温かく感じるようになる。水に浸けても黄色い色素が出なくなると、もう一度絞り上げて桶に入れる。ここからが赤色を採る作業である。

藁《わら》を焼いた灰を一メートルほどの高さの樽《たる》に押し詰め、たぎらせた湯を二日ほど前から入れておく。そして灰汁《あく》の成分が十分に溶けこんだものを樽の下の栓を抜いて出す。この藁灰《わらばい》の灰汁を、絞った紅花にダブダブとかけるのである。化学的にいうと、アルカリ性の水で紅花の赤の色素を溶かすわけだ。黄の色素は中性の水に溶け、赤の色素はアルカリ性の液で溶解《ようかい》するという理屈《りくつ》である。いつ誰が発見したのだろうか。

灰汁を入れてから二、三十分間、手を休めずに揉む。赤い液体がだんだんと濃くなってくる。側面にところどころ穴をあけた木の樽を用意しておき、灰汁と紅花をいっしょに入れ、上から板を置いて、クルクルとねじを回して重《おも》しをきつくしていく。下には受ける器を用意しておき、そこに真赤な染料がまさにしたたり落ちてくる。絞った紅花には再び灰汁を入れて揉む。これを二、三回くり返す。紅花の染液ができあがるのである。

このときの液は藁灰のせいでアルカリ性なので、これに少しずつ米酢《こめず》を足してやる。すると液は鮮やかに赤に変わっていくのがわかる。中性に近づくと灰汁でぬるぬるしていた液のぬめりがなくなってくる。この液に絹の布なり糸を入れて動かしているとだんだんと赤く染まりついていく。

つまり紅花の赤い色素カルタミンはアルカリ性の液にあると外に出ようとする。そうして抽《ちゅう》出《しゅつ》した液に米酢を少しずつたらしてやると赤く変色してくる。酢の酸によって中性から酸性に近づいていくうちに、布や糸に結合しようとするのである。

染料として染める場合は、この液のなかで糸や布をなんども繰《く》り、液が薄くなれば、また新しい紅花の液を加えて染めていく。ある程度の色合いが得られると、発色して澄んだ色にするため、クエン酸のなかで繰る。

クエン酸とは柑橘《かんきつ》系の液のことであるが、昔から京紅《きょうべに》には「烏梅《うばい》」とよばれる、梅の実に煤《すす》をまぶして燻《いぶ》したものを用いている。

冷気で冴《さ》える「寒紅《かんべに》」の色

京都府と奈良県の間を流れる木津川、その上流にある奈良市月ヶ瀬《つきがせ》は、昔から梅の名所として知られている。

右に記した烏梅をつくるには、梅雨に梅の実がなっても、熟して木から落ちるまで放っておく。そして、その実をかまどの煙突などについた煤をまぶして簀子《すのこ》に並べて、濡れむしろをかけ、穴を掘った土の上に置いて下から煙を入れてさらに燻す。そのあと天日に干すと梅は小さな固まりとなる。それを烏梅、烏の色のような梅という。

こうした伝統的な烏梅づくりをする人は、月ヶ瀬の里ではもう中西喜祥さん一人になっていた。平成二十一年に中西さんが亡くなられたあとは、息子の喜久さん、邦子さん夫妻が受け継がれ、私の工房に精魂込めて造られた烏梅を届けていただいている。

これを保存しておいて、湯を通すとクエン酸の液になるのである。そこに紅花染を終えた布や糸を入れて繰ると、鮮麗な色になっていく。

そして、「艶紅《ひかりべに》」と私が命名した濃い紅花液を沈殿させせて絵具状のものをつくるには、もうひと手間がかかる。

それは紅花の液に木綿か麻を入れて染め、酢を足すと植物性の繊維は早く紅花の赤を吸収する。それをなんどかくり返して濃い色の木綿布にする。その布を少なめの藁灰の汁に浸けると、いったんしみこんだ色素が放出される。つまり紅花の濃縮液《のうしゅくえき》ができるわけで、これに烏梅の水溶液を加えると、色素が器の底の方へ沈殿していく。

一昼夜そのままにしておくと上は澄んだ水になって、下に紅花の顔料の層ができるので、これを羽二重《はぶたえ》でこすと布の上に純粋な紅の泥《でい》が残るのである。その紅の泥、すなわち艶紅は光を受けて、玉虫色になったり、ときには緑色になり、黄金に輝くときもある。

東大寺の椿の造り花にする和紙は、京都府綾部《あやべ》市の北の雪の深い紙郷である、黒谷《くろだに》の里で手漉きにされた椿の和紙を使っている。これに艶紅を、大豆《だいず》の粉を煮てからこした汁（豆汁《ごじる》）で少し薄め、刷毛で引いて染めては乾かして、これを四回から五回くり返すと椿の花弁の色にふさわしい濃い紅の色となる。四〇×五〇センチの和紙を一枚仕上げるのにおよそ一キロの紅花がいる。

東大寺へはそれを五十枚奉納するので、紅花は五十キロ、一日五キロの染《せん》液づくりの行程を十回ほどくり返し、約十五日間がかかるわけである。また、支子《くちなし》の実を濃く煎じて同じ和紙に引染《ひきぞめ》して黄色くした花蕊《かずい》、つまり「におい」を三十枚、白石紙を五十枚、毎年二月二十三日の花拵えの前日までに納めることになっている。

紅花の染色は昔から、

「寒紅《かんべに》」

といわれるように、気温の低い時期に冴《さ》えた色がでる。そのため、私の工房でも十二月からお水取りの終わる三月中旬までが最適の時期で、東大寺へ奉納するものを染めることは、つまり、

お水取りの舞台となる東大寺二月堂

時《とき》を得《え》て鮮麗な赤となるわけである。

二月二十三日の花拵えのときに調えられた供華《くげ》の椿は、二十七日の朝九時半ころより、椿の生木に挿される。戒《かい》壇院《だんいん》の千手堂の縁側には、春日山《かすがやま》の原生林のなかから伐り出されてきた藪《やぶ》椿《つばき》の樹が、大きいもの四本、添え木となるもの四本、小さなもの十二本の合わせて二十本が並べられる。練行衆のうち堂司や平衆の手で紅と白の造り花がつぎつぎと生木に挿されて、まるで、そこに自然の椿木が咲いているかのように美しく飾られていく。

このとき誤って木から落ちた花は俗《ぞく》界《かい》に戻ったものとして塵《ちり》といわれ、ふたたび樹にかえすことはしない、というのもおもしろい。

三月一日の本行のはじまる日の夕方、大導師を先頭に二月堂に入堂して勤行《ごんぎょう》がおこなわれたあと、内陣の十一面観音の須弥壇《しゅみだん》の四方に真白な丸餅《まるもち》（壇供《だんく》）が並べられる。椿の造り花、南天が飾られてようやく初夜《しょや》の行への準備が完了する。

夜七時、大仏殿の鐘の音を合図に、六時《ろくじ》（日中、日没《にちもつ》、初夜、半夜、後夜、晨朝《じんじょう》）の行法のうち初夜の練行衆の上堂がはじまる。松明の激しく燃える灯りに導かれてひとり、ひとり、練行衆が階段をゆっくりと上っていく。

松明《たいまつ》が二月堂の欄干《らんかん》に着くころには火の勢いはさらに増し、南のほうへ走るように移っていくと、音を立てて軒先を焦《こ》がさんばかりに明るくして飛び散り、火の粉は上へ下へと観衆のどよめきを受けながら舞う。これが一日より十四日まで毎夜、初夜の行の導きの灯りとなっていくのである。

「纏向遺跡」三～四世紀の二十数基の古墳ならびに集落からなる広大な遺跡。大和政権発祥の地、あるいは邪馬台国の候補地として知られる。とくに最古の前方後円墳のひとつである箸墓古墳は卑弥呼の墓ではないかと注目されている。平成十九年（二〇〇七）に纏向遺跡李田地区で、V字溝の埋土より紅花の花粉が大量に発見され、その量の多さから溝に流された染織用染料の廃液に含まれていたと考えられている。奈良県桜井市巻向〈JR巻向駅下車〉

色の歳時記

【四月から六月】

襲の衣裳　紫色　祇園祭

光源氏の桜の襲
「桜の唐の綺の御直衣、葡萄染の下襲、裾いと長く引きて」と描写された衣裳を再現［四月］

女三の宮の襲の衣裳

『源氏物語』にある女三の宮の桜の襲を忠実に再現して、王朝人の美意識をみる［四月］

花会式　薬師寺
薬師三尊に染和紙による四季の造り花を
飾り、花会式の法要がはじまる［四月］

紫の藤　平等院

五月は紫の季節。宇治平等院の境内の藤棚は紫の花房が咲きそろう［五月］

紫根染
紫草の根に紫色の染材がある（前ページ右）。乾燥させた根を袋に入れ（中）、よく揉んで染液を出す（右）［五月］

杜若の紫　大田神社
上賀茂神社の境外摂社、大田神社の杜若も五月に紫の花をみせる［五月］

武将好みの紫

豊臣秀吉が愛用した辻ヶ花の胴服。肩部分の紫根染の地に桐文様を白く紋っている。京都国立博物館蔵［五月］

金光明最勝王經滅業障品第五 三藏法師義淨奉制譯
尒時世尊住正分別入於甚深微妙靜慮從
身毛孔放大光明無量百千種種諸色諸佛
刹土悉現光中十方恒河沙校量譬喻所不
能及五濁惡世為光所照是諸衆生作十惡
業五無間罪誹謗三寶不孝尊親輕慢師長
婆羅門衆應墮地獄餓鬼傍生彼各蒙光至
所住處是諸有情見斯光已因光力故皆得
安樂端正姝妙色相具足福智莊嚴得見諸
佛是時帝釋一切天衆及恒河女神并諸大
衆蒙光希有皆至佛所右繞三帀退坐一面
尒時天帝釋承佛威力即從座起偏袒右肩
右膝著地合掌向佛而白佛言世尊云何善
男子善女人願求阿耨多羅三藐三菩提修

天平時代の紫

紫で紙を染め、金泥で経を書いた「金光明最勝王経」は紫紙金泥経ともいわれる。奈良国立博物館蔵［五月］

光源氏が贈った紫の衣

『源氏物語』で光源氏が最愛の人、紫の上へ贈った衣裳の色を再現。葡萄色（赤味がかった紫）の小袿［五月］

帝王紫

アクキガイ科の貝の内臓から取り出した液（右）で染める紫は貝紫染といわれ、たいへんに貴重なものだった。上の写真は帝王紫の衣裳を着るユスティニアヌス帝。イタリアのサン・ビターレ教会の壁画［五月］

江戸紫

江戸ッ子が好んだ紫。歌舞伎の代表演目「助六由縁江戸桜」で主人公の助六が粋に巻く病鉢巻。松竹株式会社提供［五月］

二藍の染布
藍と紅花をかけあわせた紫を二藍といい、両方の染料の濃淡によって色相に変化がつく［五月］

祇園祭にみる染織品
京都に夏を告げる祇園祭。その山鉾の四方には世界の名だたる染織作品が飾られている。月鉾［六月］

鯉山のタペストリー
各山鉾にはさまざまな染織品がおさめられているが、鯉山にはベルギー産のタペストリーがあり、それはホメロスの叙事詩『イリアス』の一場面が織られている［六月］

月鉾の絨緞

ムガール帝国（インドの最後のイスラム帝国）時代に織られたもの。臙脂虫から採った赤で染められている［六月］

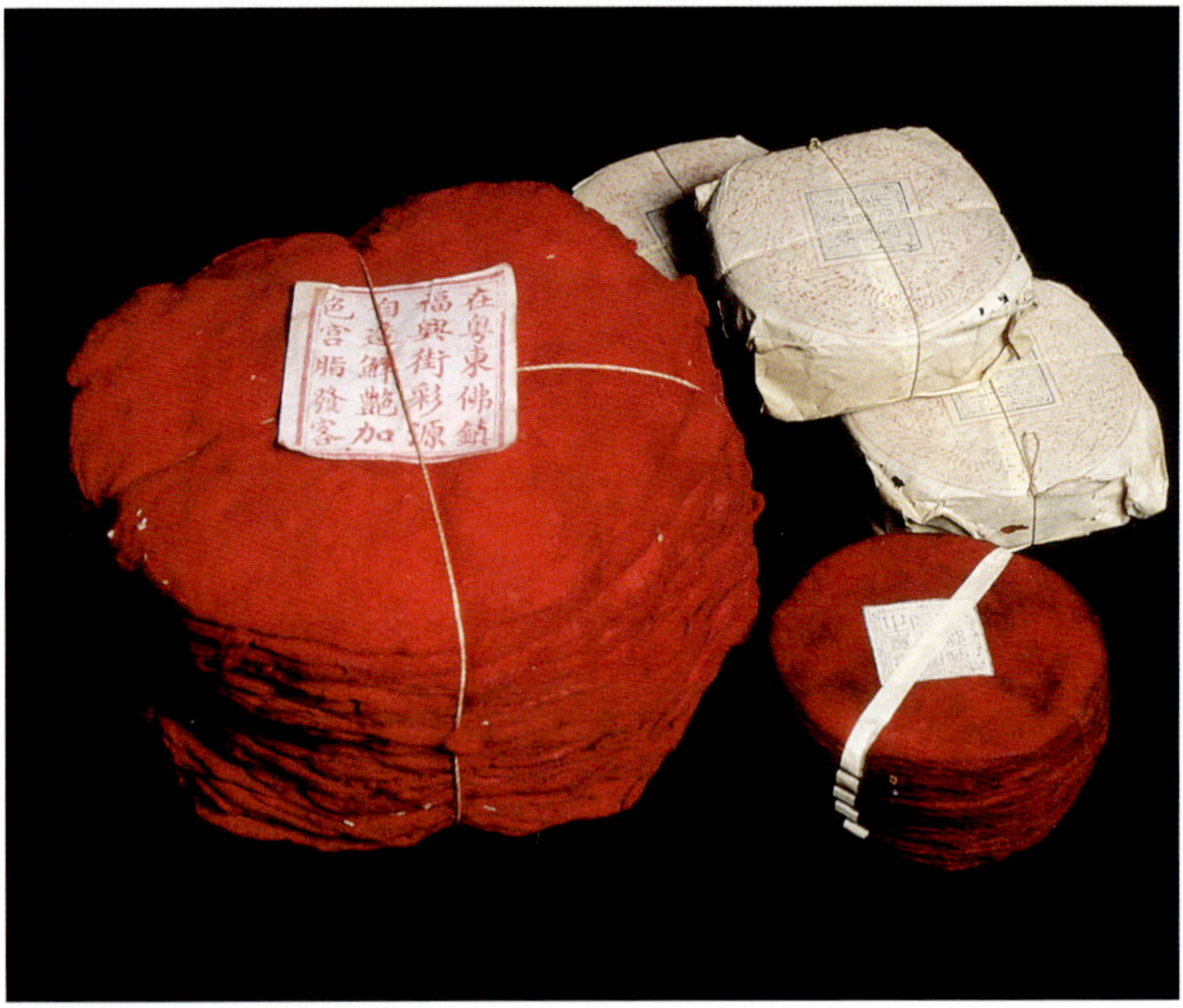

臙脂綿の赤

樫の木につく臙脂虫から集めた赤の染材を綿にしみ込ませたもの［六月］

友禅染の創始者

京都知恩院の境内にある庭園友禅苑には宮崎友禅斎の座像が立つ［六月］

四月……花会式《はなえしき》の色和紙と桜の季節に襲《かさね》の衣裳

薬師寺《やくしじ》の金堂を飾る四季の花

奈良市西ノ京の「薬師寺」*を訪ねるときには、私はその広い寺領の南側、いまは駐車場になっているところへ遠回りをして行く。

なぜかといえばレストランと駐車場との間の道を北へと進むと、「薬師寺参道」と刻まれた石碑がみえて、そこからは石畳の両脇に松並木がつづいている。松の大木の下にはゲンノショウコやドクダミなどの薬草がいく種類も植えられ、大切に育てられている。

松林を吹く風の音を聞き、薬になる草木の名札を読みながらゆっくりと歩を進めると、いかにも薬師如来の祀られている古寺に来たという思いが深まる。

やがて、近鉄電車の線路を左手にした木立のなかに崩れた土塀がほんのわずかに残っていて、それにいく筋かの雨水の流れのあとのような線が色濃くみえる。この土塀の色と形が、薬師寺の歴史を感じさせてくれるようで、いつもしばらく立ち止まって眺めるのである。

そこからは、右手に休ケ岡八幡宮《やすみがおか》*がみえ、その奥に並んで稲荷《いなり》神社、正面に薬師寺八幡院《はちまんいん》が建つ。花会式のおこなわれる三月の末から四月の初めには八幡院の塀ぎわの桜が重なるように咲いて華やいだ道となる。

乾川《いぬいがわ》という小さな流れの石橋を渡ると、その先が南大門で、そこからは古様《こよう》な東塔《とうとう》（現在は解体修復中・平成三十一年完成予定）と、昭和五十六年に復興された西塔《さいとう》が頭上高くみえる。南大門をくぐるとおごそかな境内の中心に佇《たたず》む雰囲気になって、さらに中門《ちゆうもん》を通して日光、月光の二つの菩薩を左右にしたがえた薬師如来が鎮座する雄大な金堂がみえる。

薬師寺は、本尊である薬師瑠璃光《るりこう》如来と日光、月光菩薩が鎮座する金堂、そして西塔、中門、講堂、と、かつて戦火にあい焼失したものを、ここ五十年あまりの間において復元し、白鳳《はくほう》の美といわれる伽藍《がらん》がよみがえりつつある。

東塔とそうした新しい建物との色彩は見事な対照をみせるが、八世紀の初頭、平城京への遷都《せんと》にともなって、ここ西ノ京の地に薬師寺があらたに建立されたときは、復元された今日の姿のように堂宇《どうう》は金に輝き、朱の柱と緑青《ろくしよう》で塗られた縁取り、真白な壁とあいまって、鮮やかな彩光《さいこう》を放《はな》っていたのである。

そもそも薬師寺は天武《てんむ》九年（六八〇）に、天武天皇の后《きさき》である鸕野讃良皇女《うののさららのおうじよ》が病に伏《ふ》されているときに、天武天皇が平癒《へいゆ》を祈願して創建の詔《みことのり》をあげたことにはじまる。

その七年後、寺が完成しないまま天皇が亡くなり、代わって皇后が即位して（六九〇年）持続《じとう》天皇となられた。藤原京の造営という大事業に着手した女帝は、文武二年（六九八）に夫の遺志による本薬師寺に白鳳文化の粋を集めて完成させたといわれる。その後、平城京完成後の七一八年、現在の地、右京《うきょう》六条《ろくじょう》二坊《にぼう》に移された。

薬師寺では三月も終わりに近づき、桜の便りが聞かれると、花会式《はなえしき》の準備であわただしくなる。この花会式は、正式には薬師寺悔過《けか》法要《ほうよう》とよばれるもので、東大寺のお水取りとおなじく、かつては旧暦の二月におこなわれていたもので、薬師寺の修二会《しゅにえ》の行法であるが、いつのころから三月三十日から四月五日に催されるようになり（平成二十六年から三月二十五日〜三十一日）、春を迎える華やかな行事として、南都《なんと》はもちろん全国より訪れる人びとで賑《にぎ》わう。

三月二十八日（同様に三月二十三日）はその準備の日、早朝より金堂《こんどう》に鎮座している薬師三尊に供える壇供《だんく》をつく。午後にはその餅米をふかした残りの湯で三尊の御身拭《おみぬぐ》いをし、堂内の清掃がおこなわれる。

これが終わると薬師さんのまわりを華やかに彩る造り花が持ち込まれる。梅、桃、桜、牡丹《ぼたん》、山吹、藤、杜若《かきつばた》、百合、菊、椿という十種類の造り花を十二瓶の鉢や土だんごに挿して飾り、先ほどついたばかりの壇供を積み重ねたりする。

仏の御前に花を飾るということは、日常のことであるが、この花会式にこれほど華麗な四季の花が飾られるのは、この行法の由来によるものである。

というのは、花会式がはじめられたのは嘉承《かしょう》二年（一一〇七）といわれているから、平安時代にさかのぼる。

その由来は、堀河《ほりかわ》天皇が病に伏している皇后の平癒を願い、この薬師三尊に七日間におよぶ祈りをしたところ、そのかいあって皇后の病気は快復した。天皇と皇后はたいそう喜ばれて、この寺は薬師、つまり医術の寺であるから、人民の健康を祈る意味で、これよりは毎年この法要をつづけるようにと詔《みことのり》をされた。その感謝の気持ちを込めて、五彩の造り花が毎年納められ、薬師三尊の周囲に飾ったのがこの法会の縁起になり、花会式といわれるようになったというのだ。

本行は七日間、一日に六時、つまり初夜、半夜、後夜、晨朝《じんじょう》、日中、日没の六回に分けておこなわれる。行法に選ばれる僧侶は十名、その中心となるのが、大導師、堂司、呪師《じゅし》の三役で、あと大衆の七名で構成されて執《と》りおこなわれる。その十名の練行衆はその期間中、寺内の地蔵院にこもって生活をともにすることになる。

この法会は薬師如来に悔過《けか》、つまり懺悔《ざんげ》をすることが目的であるから、六時には供養文、声《しょう》明《みょう》、称名（唱名とも。仏の名号を唱える）、悔過文、行道《ぎょうどう》、誓願《せいがん》、祈禱《きとう》などの経文がひたすら唱えられる。とりわけ、悔過文が終わってからの行道はまさに沓《くつ》を引きずりながら地を鳴らして、般《はん》若心経《にゃしんきょう》を唱え、ほら貝が吹かれ大声の読経が堂内に響き渡る。とくに散華《さんげ》の情景は紙の色彩も加わって、いかにも見る人を浄土の世界へと誘ってくれるようである。

それに初夜における呪師の秘法といわれる軍荼利法《ぐんだりほう》は、結界《けっかい》してある堂内に魔性が入って邪魔しないようにと、二本の刀をもって、天上、天地、地中を切るように踏み固めていくのだが、その仕草は、ユーモラスでもあり、現代の前衛舞踊のようなおもしろさがある。一度は参観してみたい行事である。

この行法は、死者を葬《ほうむ》るためにあるのではなく、いま生きている人びとが、これからも元気で生きていくように、過《あやま》ちを懺悔し、未来への回向《えこう》を願う仏教本来の祈りであることが見学者にも伝わってゆくであろうと、おもえるのである。

堂内に飾られる花のうち、桜、桃、杜若、百合の四種の花を私の工房で毎年染めている。杜若は紫草の根で花を染め、葉は藍の甕《かめ》のなかに浸けてから、黄色の染料をかけて緑色にする。桜は臙脂綿《えんじわた》というかつて中国で精製された臙脂虫から採った淡い紅色、桃は東大寺の椿と同じように先に述べた艶紅《ひかりべに》を使う。

伝統的な和紙と彩色の技術

そもそも仏の御前に花を飾るということは、浄土に咲き乱れているであろう花々をあらわして、その花は人びとの心に和《やす》らぎを与え、浄《きよ》らかな心にすることを願っている。

花のひとひらごとに聖なるものが宿っているると考えられているわけで、宗教を問わず、洋の東西を問わず、聖なるものに花をささげ飾ることは、現世を生きている人間のたしなみとしておこなわれてきた。

花は咲いているさまをそのまま飾ることが、本来であるけれど、花はやがて散ってしまうため、儀式がおこなわれる期間は紙で花を造ったり、精霊の宿る散華をおこなうようになったとされている。

造り花は、はじめは絹や麻の布を染めていたが、やがて中国で発明された紙に多彩な色をつけて花を模《も》すようになってきた。

こうした造り花の歴史は古く、中国の西域、シルクロードの西の出発点といわれるトルファンのアスターナ遺跡からは絹を五彩に染めた造り花が発掘されていて、現在は新疆《しんきょう》ウイグル自治区博物館に展示されている。敦煌《とんこう》の洞窟壁画のまわりにも紙を切り抜いて顔料で彩色した八世紀ころの造り花が土中に埋もれていたが、これはイギリスの探検家オーレル・スタインがもち帰り、現在はロンドンの大英博物館に収蔵されている。

日本でも天平勝宝四年（七五二）におこなわれた東大寺の大仏開眼のおりに、「種々の造り花を献ず」という記録がある。

その盛大な儀式に使われた仏教用具が今日まで収蔵されている正倉院には、白、黄、茶、藍、緑、紅、赤の七色ほどの色麻紙が、かなりの枚数遺されており、造り花にも応用されたのであろうと思われる。

また、おそらく散華に使われたであろう緑金箋《りよくきんせん》や、正倉院文書に書かれた「金塵緑紙《きんじんみどりのかみ》」も伝えられている。さらにその文書には黄色の刈安《かりやす》紙、赤の蘇芳《すおう》紙、藍で染められた縹《はなだ》紙など数十種におよぶ多彩な染め紙が制作されていた記載があって、日本における和紙と彩色の技術が早くも完成して、写経用紙、散華、造り花などの装飾に使われていたことがわかる。

延喜《えんぎ》年間（九〇一～二三）より編纂《へんさん》された、宮中における年中の儀式や制度などを記した『延喜式』に「造花」の項があって、そこには紅花、紫草、支子などの染料で染めることが記されている。

さらに下って、永観《えいかん》二年（九八四）、冷泉《れいぜい》天皇の皇女である尊子《そんし》内親王が出家をしたために源為憲《ためのり》が、仏教行事を解説して献上した『三宝絵詞《さんぼうえことば》』という仏教説話集がある。そこに、

　此月の一日より、もしは三夜五夜七夜、山里の寺々の大なる行也。造り花をいそぎ、名香をたき、仏の御前をかざり、人のいたつきをいるゝこと常の時の行に異なり。そもそも絹をきざめる花し、手すさびの戯れかとうたがはしく、香をたく匂なさけのためかと覚ゆれど、皆仏の御教にしたがふなり、経に云「花の色は仏界のかざり也。もし花なからむ時

は、まさに造れる花を用ゐるべし。香の煙は、仏を迎へたてまつる使なり。人間は臭くけがらはし、まさによき香を焚くべし」と宣へば也。仏は色をもよろこびたまはず、香にも愛でたまはねども、功徳の勝れたるをすすめ、信力の深きにおもぶきたまうなり。

と、造り花や花の色について記されている。

こうしてみてくると、天平以来の長い歴史を誇る東大寺修二会において、椿の造り花が飾られること、平安時代にはじまった薬師寺花会式などに紙花が献じられてきたことも、その背景にさらに長い歴史があることが理解できるわけである。

京都の桜名所を結んで歩く

薬師寺の花会式がおこなわれているころ、京都も桜の盛りである。

見わたせば柳桜をこきまぜてみやこぞ春の錦なりける

と、平安時代の歌人は詠っている。

都の春景を高いところから眺めれば、柳《やなぎ》は枝に幼い芽がふいて萌黄《もえぎ》色になり、満開の桜の淡い紅《べに》の色と混じり合って、さながら華麗な織物のような景観がいたるところでみられた、という佳歌である。

現在の京都では、桜のさかりをみるのは花の便りを聞いて、そこを点と点で結んでたどっていくしかない。

たとえば名所をあげてみれば、四条通の東の正面、八坂《やさか》神社の石段を上り、朱塗りの西門をくぐり抜け、社殿を過ぎると円山《まるやま》公園であって、ここの枝垂《しだれ》桜はまさに京都の桜の象徴で、大きく弧を描くように咲き乱れる姿は見事というほかはない。

そのころ祇園甲部《ぎおんこうぶ》の「都をどり」もはじまっていて、色街は桜の造り花が飾られ、提灯に灯《ひ》がともされ、白川《しらかわ》の浅い流れにも桜が水面にかかるように咲いて、いっそう華やいだ雰囲気となる。

右の円山公園の人出はもう雑踏に近い状態で、夜が更《ふ》けても人影が絶えない。しかし、枝垂桜は、人間の俗な桜見物のざわめきのなかでも悠然《ゆうぜん》と咲きつづけていて、その大樹の下に佇んで見上げると、まるで自分ひとりを桜が柔らかく包みこんでくれているようである。まわりの雑音に耳をかさずゆっくりと眺めてから、その気分のまま帰路につくのがいい。そうすれば、月の明かりだけの世界になった暗がりの道すがらも、淡い紅桜が空に浮いているようにその残像が重なってくる。

私がゆっくりと桜をみようと思うときは、東山を越えて山科《やましな》へ向かう。明治二十三年（一八九〇）に琵琶湖から逢坂《おうさか》山をくぐり、日ノ岡《ひのおか》峠を通って南禅寺へと抜ける運河計画が実現した。水運と水道、および発電に、当時の産業の発展に貢献した「琵琶湖疏水《そすい》」＊である。

以前ほどの花の勢いはないが京都を代表する円山公園の枝垂桜

私は、そのゆるやかな流れの両岸の散策の道を好んで歩く。逢坂山をへて山科に出た琵琶湖の水は、北側の安祥寺《あんしょうじ》山の裾をくねりながらゆるやかに流れていく。もともとは松林であったのが、川に沿って桜の木が植えられて、いまでは数百本にもおよぶ並木になっている。山の緑の樹を背景に桜の紅色が映えて、静かで春めく空間をつくり出している。

さらに、もうひとつ気になる桜がある。

おおかたの桜が散ってしまったあと、私の住まいの近くにある明治天皇伏見桃山陵に出かける。伏見城跡の小高い丘陵の杉木立のなかに前方後円墳が築かれている。

その城の大手門にあたる参道を一キロほど東へ向かうと、明治天皇陵の前に出る。そこからは昭和の初めまで広い沼地であった巨椋池《おぐらいけ》*の跡を眼下にして、中央から左手に宇治《うじ》、城陽《じょうよう》の街、右手には男山《おとこやま》の石清水八幡宮の横をぬう淀川の水面が光り、そして遠くに生駒《いこま》の山並みまで見渡せる。

そんな眺めを楽しんだあと、急坂を下ると昭憲《しょうけん》皇太后陵で、その素木の鳥居の右手の奥に一本の枝垂桜がある。朝早く出かけると露に濡れた松の樹々を背景に、淡い桜の花をたたえた枝がゆっくりと揺れていて、さながら一幅《いっぷく》の掛軸をみているような光景である。

王朝人は花の風情を襲《かさね》の色に

神聖なるものに花をささげ、時節それぞれに咲く花に思いを寄せる心は、いつの世も変わりがないのであろうか。

京都に都が遷《うつ》ってようやく落ち着きを取り戻した平安時代の中ごろから、王朝貴族たちは、自然の花の姿の移ろいに対しての感受性が高まり、それが彼らの生活のなかに溶けこんで、教養となっていったように思われる。

かれらの詠《よ》んだ詩歌を知るとき、王朝人の心には、移ろいゆく四季の風情に呼応する感覚があったことが、じつによくわかる。

『古今《こきん》和歌集』の仮名序《かなじょ》にいう、

やまとうたは、ひとのこゝろをたねとして、よろづのことのはとぞなれりける。よのなかにある人、ことわざしげきものなれば、心におもふことを、見るもの、きくものにつけて、いひいだせるなり。花になくうぐひす、みづにすむかはづのこゑをきけば、いきとしいけるもの、いづれかうたをよまざりける。

といった精神である。

こうしたことは色彩の表現にも顕著にあらわれる。

桜色に衣はふかく染めて着む花のちりなむのちかたみに

という歌が、やはり『古今和歌集』にある。

奈良時代から、平安時代の初めまで、色の表現は紅、緑、紫というように直接的であったり、蘇芳《すおう》、刈安《かりやす》、胡桃《くるみ》といったように染料そのものが色彩の名になっていた。ところが、この歌などは「桜の色に」と詠《うた》って、爛漫《らんまん》の桜の花の風情そのものをみずからの衣裳に映してみたいと考えている。

そして王朝の貴族たちはかれらの集《つど》いへ出向くとき、時節にあわせた草木花や風景を、敏感に映したような色彩の衣裳で装いたいと願っているようである。

王朝の貴人たち、女房たちの衣裳は、現在の宮中の儀式のおりにみられる男性の束帯《そくたい》姿や、女性の十二単《じゅうにひとえ》によって知られるように、何枚かの衣服を重ねて着ていたのである。

たとえば、『源氏物語』の「花宴《はなのえん》」に、

「桜の唐《から》の綺《き》の御直衣《なほし》、葡萄染《えびぞめ》の下襲《したがさね》、裾《しり》いと長く引きて……」

とある。これは光源氏《ひかるげんじ》が右大臣の邸に招かれたときの姿を描写しており、直衣《のうし》とは男性がふだんに表に着るもので、それは桜の色に染められている。通常のものではあるが、少しばかりお洒落《しゃれ》をしているという趣きだ。

また、唐の綺とは薄手の織物であるから、おそらくこれは絹の糸を繭《まゆ》から採ったままで、練《ね》りという柔らかくする工程を施す以前の、透明な白い糸で織ったもの、すなわち生絹《すずし》であろうと想像できる。その裏に蘇芳染か、あるいは濃い紅花の真赤な布をつけている。その赤は、表の透き通るような生絹を光が透過して、淡い桜色になっており、これを桜の襲《かさね》とよんでいた。

もうひとつ、光源氏が同じ桜の襲を着ている場面がある。そして、これはさいわいにも『源氏物語絵巻』にその場面が描かれている。

「柏木《かしわぎ》三」の絵に注目したい。光源氏が、女三宮《おんなさんのみや》と柏木との間にできた子を、それとは知りながら実子として、五十日《いか》の祝いをするというくだりである。光源氏は心中おだやかではないにしても、かわいい薫を抱きしめている。その場面で光源氏は桜の襲を着ている。

この絵巻の光源氏の衣裳は、現在はやや退色して、薄い赤紫のようにみえるが、絵具は胡粉《ごふん》と臙脂虫《えんじむし》から採られた赤とを混合したもので、描かれた当時は淡い桜の色であったように私は想像する。

衣は地紋を浮き上がらせた生絹の絹織物で、その下に着ている濃い紅花染の唐紅《からくれない》が透けてみえて、あたかもそこに桜色が浮かび上がっているかのようである。

このとき光源氏は四十代後半、先の「花宴」は残念ながら『源氏物語絵巻』には残っていないが、二十歳のときであるから、もっと華やかな桜の襲であったであろうことは想像できよう。

王朝文化がきらびやかになっていくにつれて、宮廷に集う人びとは和風の装束、つまり重ね着を基本とした華美な装いを競《きそ》うようになった。

女性の正装の場合、唐衣《からぎぬ》や小袿《こうちき》姿のときに着る小袿のように、一番上に着るものの表と裏の重ね色、さらにその下に五枚、七枚と重ねる袿《うちき》から単《ひとえ》にいたるまでの袖をわずかにずらした暈繝《うんげん》の色彩美を、「におい」とよんで、王朝の人びとは季節の自然の草木花にたとえて、ゆかしい名称をつけたのである。

春爛漫と咲きほこる桜も、襲の衣裳の名につけられたのは当然のことであろう。いくつかの文献から拾ってみると、桜の襲は表が白で、裏が蘇芳あるいは紅花とあり、先の「柏木」における光源氏のように、透き通るような白い生絹の下には、蘇芳の赤か濃い紅花がつけられたのである。

このほかに桜の襲で、表は白で裏には葡萄《えび》色という赤紫系のものもある。これは山桜のつぼみがようやくふくらむと同時に赤紫の若草が芽を吹くようすをあらわしたものではなかろうか。

薄花桜は表が白で裏は紅、桜萌黄《もえぎ》の、表が萌黄で裏は紅花でやや薄くして桜をあらわしているものなどもある。襲の衣裳で同色の濃淡を重ねる表現方法があるが、「樺桜《かばざくら》」の例に、小袿は柳色、袿の表からは蘇芳を五枚つづけて最後の下着である単が萌黄となっていて、いかにも「柳桜をこきまぜて」という佳歌のとおりの装いである。

このように桜のころの、王朝人の襲の装いをみても、彼らが季節のこまやかな移ろいを敏感に感じとりながら、それを歌に詠み、衣裳にあらわすことに喜びを感じ、それがたしなみにもなっていったことがうかがい知れるのである。

「薬師寺」　天武天皇九年（六八〇）天武帝は皇后（のちの持統天皇）の病気平癒を祈って建立を発願したが、完成前に死去、皇后が引き継いで六九七年に開眼供養をおこない、平城京遷都とともに現在地に移された。金堂の七世紀末から八世紀初頭に造像された薬師三尊像、創建当初の姿をのこす東塔（現在解体修復中）の古色な風景のまわりは「昭和の大復興」から再建がつづけられている。伽藍全体が鮮やかな朱や緑の建物群で、創建当初の華やかな姿がしのばれる。奈良市西ノ京町４５７〈近鉄西ノ京駅下車〉

桜並木と菜の花に彩られる山科の琵琶湖疏水

「休ケ岡八幡宮」　寛平年間（八八九〜九八）に大分県の宇佐八幡宮から勧請された。現社殿は慶長八年（一六〇三）の再建。平安時代に造られた僧形八幡神、神功皇后、仲津姫命の三神の像が祀られている。僧形八幡神は、僧の姿をした日本最古の八幡神である。奈良市西ノ京町４５７〈近鉄西ノ京駅下車〉

「琵琶湖疏水」　東京遷都で衰えかけた京都を、新しい産業を興し、舟での運搬を盛んにするため琵琶湖の水を引くことが計画された。第三代京都府知事の北垣国道が、東京の工部大学校を卒業したばかりの田邉朔郎《たなべさくろう》を土木技師に採用して第一疏水が明治十八年（一八八五）に着工、五年後に完成。さらに二十年後に第二疏水が完成した。水道用水以外に水力発電、灌漑、工業用水などに使われる。南禅寺のレンガ造りの水路閣はその一部。

「巨椋池」　現在の京都市伏見区、宇治市、久御山町にまたがる場所にかつて存在した池。奈良と京都の間にあり、水上交通の要であった。豊臣秀吉の伏見城築城のさい堤防を築くなど土木工事などで姿を大きく変え、その後も変化していったが、昭和八年（一九三三）から十六年にかけておこなわれた干拓事業で農地となった。干拓前の巨椋池は周囲約十六キロメートル、水域面積約八平方キロメートル。

五月……往古より尊《とうと》ばれてきた高貴な色「紫《むらさき》」

宇治《うじ》と上賀茂《かみがも》は紫の季節に

宇治を訪れて、宇治川にかかる橋から川の上流に眼をやると、右手に槇ノ尾《まきのお》山、左に朝日《あさひ》山、その奥に喜撰《きせん》山が望め、それらの緑濃い山間から急流で、しかも水量のゆたかな流れが目の前に向かってくる。

琵琶湖の南端の瀬田《せた》に源を発して、天ヶ瀬《あまがせ》の谷を越えて、この地に流れる宇治川の景観である。

わがいほは京の辰巳しかぞ住む世を宇治山と人はいふなり

と、平安時代の初め、六歌仙の一人、喜撰法師が詠んだように、宇治は辰巳《たつみ》の方角、つまり都の東南にあって山水の美しい清閑《せいかん》の地であり、王朝貴族の別業《べつぎょう》が営まれたところである。

私が子どものとき、宇治はちょっとした遠出の遊び場であった。十歳を過ぎたころからは、宇治川を下った伏見区向島《むかいじま》に住んでいて、近所の友だちと自転車に乗って、川の左岸の堤防を流れに逆らって走っていくと宇治に着いた。

それは、まだ舗装されていない砂利道で、ところどころには穴ぼこがあったりした。途中、黄《おう》檗山万福寺《ばくさんまんぷくじ》に通じる橋があって、黄檗宗の開祖の名前をとって隠元《いんげん》橋といった。その手前に大きな木が一本あり、そこがちょうど家と宇治との半分の道のりで、行きも帰りも目印になった。川には小舟がもやってあったり、釣り人が糸を垂れていたり、浅瀬では水鳥が群れて羽を休めていて、のんびりとした風景がみられた。

それは昭和三十年代の初めだから、新興住宅が押し寄せてくる前で、巨椋池《おぐらいけ》の干拓地は一面の田圃《たんぼ》で、遠く淀《よど》のほうまで見渡せた。また、宇治に近づくにつれて、堤防わきの少し高い土地には茶畝《ちゃうね》がつくられていて、八十八夜のころには、萌黄色の新芽を摘んでいる風景がみられた。宇治は茶の代名詞であるほど茶どころであった。

多くの観光客が訪れる「平等院」*は嵯峨天皇の皇子で、『源氏物語』の主人公光源氏のモデルともいわれた源融《みなもとのとおる》の別荘として造られ、それがのちに関白藤原道長《ふじわらのみちなが》のものとなり、長子の頼《より》通《みち》が寺として創立したと伝えられている。

門をくぐって細かな砂利の道を進むと、阿弥陀堂《あみだどう》と、左右に翼を広げたような廻廊《かいろう》がみえてくる。平安貴族たちが、そこに安置される阿弥陀仏を信仰し、来世には極楽浄土《ごくらくじょうど》の世界に往生《おうじょう》しようとした思いがしのばれる。

中央の鳳凰堂《ほうおうどう》は池を前面にして、東は宇治川の川岸に通じている。五月になると境内に見事な藤《ふじ》の花が咲き乱れる。太い幹が分かれて数十本という細い幹が上へ伸び、四方十数メートルという大きな棚にからんだ淡い紫色の藤の花が垂れ下がっている。

五月の花から紫の色を思う

平等院の藤の花の満開を過ぎてからは、こんどは洛北の賀茂の里が気になる。

ここには「上賀茂神社」*、正式には賀茂別雷《かもわけいかずち》神社が鎮座し、少し南に下った下鴨には賀茂《かも》御祖《みおや》神社、「下鴨神社」*があって、あわせて賀茂社と称され、平安京に都が遷されたときには桓武《かんむ》天皇が行幸《ぎょうこう》されて、その神格を高めていった。

上賀茂神社では五月五日に賀茂競馬《くらべうま》、五月十五日には両社と京都御所を巡って「葵祭《あおいまつり》」がおこなわれる。

その上賀茂神社の朱塗りの一《いち》の鳥居《とりい》をくぐると、競馬の舞台にもなる長い参道があって、そのまわりは低い樹木がわずかに数本あるだけの伸びやかな空間である。ところが、二の鳥居をくぐって御手洗川《みたらしがわ》を渡ると、神奈備山《かむなびやま》のふもとに檜皮葺《ひわだぶき》の権殿《ごんでん》、本殿などの建造物が並んでいて、緑濃い木立と清流にかこまれて深閑《しんかん》とした佇まいとなる。

諸殿の両側をはさむように流れるその清流は、御物忌《おものい》川と御手洗川とよばれ、やがて合流して楢《なら》の小川となる。その流れは社域を出るとふたたび御手洗川あるいは明神《みょうじん》川と名を変えて、「社《しゃ》家《け》町」*を流れていく。いかにも禊《みそ》ぎの水にふさわしい流れである。

朱塗りの楼門が華やかな上賀茂神社

上賀茂神社から東へ歩くと神社に奉仕した社家の築地塀がつづく

この流れに沿って南に歩き、東に曲がると上賀茂神社の境外末社である「大田神社《おおたじんじゃ》」*がある。本社と同じ神山《かみやま》からの清流がこの大田の沢にも注いで、ここに杜若《かきつばた》の群生が一面にみられ、五月も半ばを過ぎるころから、濃い緑の葉の上に紫の花が咲きほこっている。

このような藤や杜若といった五月の花から思う色は「紫」である。

聖徳太子が推古天皇の摂政となって政治を司《つかさど》るようになると、律令制による新しい政策をつぎつぎと打ち出した。そのなかに「冠位十二階《かんいじゅうにかい》の制」がある。

それまでの官僚はどちらかといえば有力な豪族が姓《かばね》という称号を与えられて世襲《せしゅう》していたが、それを、個人の仕事に対する才能や、その功績に応じて冠位を与えて、広く人材を登用した制度であった。これにはつぎのように位を十二にした。

大徳	小徳	大仁	小仁	大礼	小礼	大信	小信	大儀	小儀	大智	小智
=	=	=	=	=	=	=	=	=	=	=	=
濃紫	淡紫	濃青	淡青	濃赤	淡赤	濃黄	淡黄	白	白	濃黒	淡黒

そして、それぞれの位によって服飾を色分けしたのである。紫が上位にあるが、これは中国の隋《ずい》の制度を見習ったものである。

ほんらい、中国では、先に述べたように五行思想の木・火・土・金・水がものの考え方の基本であり、それに準じる青・赤・黄・白・黒のうちで、その中央にある黄色、あるいは太陽を意味する赤が正色《せいしょく》であった。

ところがいまからおよそ二千五百年前、周《しゅう》の春秋《しゅんじゅう》時代に青と赤の間色《かんしょく》である紫が尊ばれるようになってきた。そのころ儒教《じゅきょう》を確立した孔子《こうし》は、このような世相を嘆《なげ》いて、

「紫の朱をうばうを悪《にく》む」

といったことが『論語《ろんご》・陽化篇』に記されている。このように中国で紫が流行したのは、西のペルシャからの影響とされている。

貝紫《かいむらさき》を「帝王紫《ていおうむらさき》」と尊称

中国の周の時代とほぼ同時期に、オリエントにおいてアケメネス朝ペルシャが建国され、第三代のダリウス一世が西はエーゲ海のギリシャ、エジプトから、東はインダス川近くにいたるまでの広い範囲の大帝国を建設して、王の道とよばれる大動脈を通して、東西の交流のきっかけをつくった。

その領域のなかに地中海の東の海岸、現在のイスラエルからレバノンにかけてのシドン（現在のサイダ）、ティルス（現在のスール）という湾岸都市を中心にフェニキアという国が栄えていた。

フェニキアの人びとはとりわけ航海術にたけていて地中海を縦横に動き回っていた。彼らは紀元前三千年ころより一つの国家を確立し、はじめは農業をおもにしていたが、やがてクレタやミケーネ文明の海上貿易が衰退してからは、すぐれた航海術を駆使して、地中海を遠くジブラルタル海峡まで往来したのである。

やがてエジプト、キプロス島、シシリー島、カルタゴ、スペインのマラカ、モロッコ、チニギスなどの地中海の主要な港湾に都市を造って植民地として、海洋国家を成立させていった。

このフェニキアは、カナン人から学んだアルファベットの文字を完成させ、ギリシャ人に伝え、レバノン杉、ガラス、銀製品などの特産品をもつというすぐれた国であったが、そのなかでティルス、シドンという海に近い街で、貝から採った液で緋紫《ひむらさき》色を染めるという技術を完成させていた。

その発明は紀元前十六世紀ころといわれ、一グラムの染料を得るのに約二千個の貝を必要とする貴重なものであった。

それは貝の内臓のなかにあるパープル腺というところから液を取り出す。これは貝にとっては本来、近寄ってくる敵をしびれさせるために存在している液で、この液を海水で薄めて布や糸に染めると、はじめのうちは黄色い色をしているが、太陽の光に当たると、緑からやがて緋紫に変わっていくという不思議な染液なのである。

ただ、たんに染料が貴重で、その技術がむずかしいというだけでなく、その貝で染められた紫は人びとの眼を魅了する妖艶《ようえん》な色彩であるところから、きわめて珍重され、やがて高貴な王族だけがその着用をゆるされる「帝王紫《ていおうむらさき》」と尊称されるようになった。

この帝王紫はフェニキアが海洋国家として繁栄するにしたがって、地中海の各地にも伝えられ、重要な輸出品ともなっていったのである。

紀元前六世紀よりオリエントにおいて空前の大帝国を打ち立てたアケメネス朝ペルシャは、西のギリシャと対抗するフェニキアをも版図《はんと》に入れ、その海上貿易を保護した。とくに第三代にあたるダリウス一世が築いた道は東西の物資および文明の交流をいっそううながした。このような交通の発展が中国とインド、ペルシャをへて地中海を結ぶ、いわゆるシルクロード文明の交流の第一段階であった。

そして、このフェニキア人が発明した帝王紫により、紫を高貴な色とする思想はいくつかの遊牧民の国家をへて、いまから二千五百年ほど前、中国に伝えられ、その影響によって中国においても紫が最高位になったとされている。

私の父（吉岡常雄）はその帝王紫に魅《み》せられて、地中海のギリシャ、ローマ、フェニキアの歴史的な遺跡をいくども訪ね、古代の技術を再現するという、かなりの思い入れがあった人だけに、右のような説を強調していた。だが、そのような可能性が強いというだけで、だれも本当のことはわからないし、それを証明することもむずかしい。

もし、中国の皇帝が貝で染めた衣裳を望んだとしても、長安《ちようあん》、洛陽《らくよう》といった都は内陸部にあって、その実践は不可能である。ところが、中国において、はからずも同じ時期に紫草《むらさきそう》による染色の技術が完成しており、天山《てんざん》山脈の草原に産する最良のものがもたらされていた。周の王侯はその色に魅せられて着用したようである。

『礼記《らいき》』（周末から漢代の儒者の説話）には「周人は赤を尊ぶ」と記されているように、もとは赤に重きをおいていたのだが、しだいに紫が上位の色となってきた。青と赤の間色である紫が上位となることを、前述したように、孔子は「紫の朱をうばうを悪む」と嘆いたのであった。

中国においては、このように五行の色から紫が上位となって、六色に色分けする考えがそれ以後に定着していった。漢の時代から、皇帝の住まいを紫宮《しきゆう》、あるいは紫宸殿《ししん(い)でん》、紫禁城《しきんじよう》とあらわすようになったことにもあらわれる。

日本においては聖徳太子が国を治めるときに隋の制度を模範としたので、当然のことながら五行の青・赤・白・黄・黒の上位に紫がおかれた。これ以後、律令国家が確立されていくにしたがって、ときによって例外があるにしても、紫が尊ばれたことに変わりはなかった。

万葉集に詠われた紫の秘密

紫が中国においても、その影響を受けた日本でも、あるいは地中海のギリシャ、ローマ帝国においても尊ばれるようになったのは、なによりその神秘性と美しさにある。

私の工房では、地中海地域のように貝で紫を染めることもある。貝から液を取りだして、伝統的な技法で絹の糸に染めつける。日射しの強い日に屋外に干しておくと、まもなく緑から赤みのある紫に変わって輝くような色となる。

もちろん、紫草はもっと頻繁《ひんぱん》に染める。紫根《しこん》を石臼《いしうす》でついてから麻の袋に入れる。それを湯のなかで洗濯板の上で擦《こす》りつけるように何度も揉みだすのである。やがて根からは赤紫の液が滴《したた》りおちて、そのたっぷりした液で布や糸を繰る。紫はこれだけでは染まらず、美しく定着させるためには仲介役が必要である。それには椿の木の灰を用いて媒染《ばいせん》すると美しい紫色になってくる。

そのため、近郊の山を守る人に頼んで椿の小枝を刈ってもらっている。それを生木のうちに燃やして、たえず灰をためておく。これにはアルミ分が含まれていて、熱湯のなかに入れ、何回か混ぜて放置しておくと、その成分が水に溶けて、紫根、刈安などの発色剤となり、美しい色をかもしだしてくれる。

日本において、紫が上位の色として定められたということは、とりもなおさず、その染色の技法が完成していたといえる。

紫は灰《はひ》さすものそ海石榴市《つばいち》の八十《やそ》の衢《ちまた》に逢へる児や誰

と『万葉集』に詠われたように、その染色には椿の灰が必要であることを当時から知っていたわけである。

紫が高位の色と定められて、その色も魅惑的であるところから人びとの関心をひいたらしく、紫は多くの歌や物語に登場してくる。

あかねさす紫野行き標野《しめの》行き野守《のもり》は見ずや君が袖《そで》振る　額田王《ぬかたのおおきみ》

紫草《むらさき》のにほへる妹《いも》を憎くあらば人妻《ひとづま》ゆゑに我れ恋ひめやも　大海人皇子《おおあまのおうじ》

これも『万葉集』に収められた有名な相聞歌《そうもんか》である。旧暦の五月五日にいまの滋賀県蒲生野に、天智天皇が妻である額田王をつれて遊猟や薬草の採集をしたときの歌である。同行した天皇の弟の大海人皇子が、かつての恋人でいまは天皇の妃になっている額田王を、「紫の映える美し

い人よ、だが、いまは人の妻である」と詠んでいるのである
最近この歌をめぐってある国文学者が、この額田王が着ている紫の衣裳は杜若《かきつばた》の花を摺《す》りこんだものであるという説を書いて話題となった。植物学で著名な故牧野富太郎博士が、漢名の紫草をムラサキにあてるのは間違いであると論じているからであるという。植物名の呼び方はともかくとして、

託馬野《つくまの》に生《お》ふる紫草衣《むらさききぬ》に染《し》めいまだ着ずして色に出でにけり

紫草《むらさき》の根延《ねば》ふ横野《よこの》の春野《はるの》には君を懸《か》けつつうぐひす鳴くも

などという歌はまさに紫草の根を染色に使っていることを示しているのではないだろうか。

いっぽう、たしかに『万葉集』には、

かきつはた衣《きぬ》に摺り付けますらをの着襲《きそ》ひ猟《かり》する月は来にけり

住吉《すみのえ》の浅沢小野《あさざわをの》のかきつはた衣に摺り付け着む日知らずも

とあり、正倉院文書にも垣津幡染《かきつはた》の紙が三百六十枚あると記されている。

ただ、実際にその花を衣に摺りこんでみても、しばらくその色を保っているが、花の色は日時がたつと消えて変な茶色になってしまうし、水に入れるとたちまち消えてしまう。

右の旧暦の五月五日は薬狩《くすりが》りの日で、男たちは野生の鹿を追い、女性は薬草を採るのが目的だそうだが、額田王は天智天皇の夫人であって、官位が決められてからは夫に準じた色の衣裳を着るようになっていたから、杜若のような一日で変色してしまう摺《す》り衣《ごろも》を着ていたとは考えにくく、紫草の根で染めたきらびやかな紫色をまとっていたと考えるのが妥当である。

わずかに時代が下るが、正倉院に遺《のこ》されている数多い染織品のなかに、「最勝王経帙《さいしょうおうきょうちつ》」というものがある。

「経帙」というのは経巻《きょうかん》を教本束ねて包むもので、竹を細く裂いて丸く削り、それを絹糸で編んで簀子《すのこ》のようにしたものである。これは聖武天皇の勅命によって国家の安全を祈るために全国の国分寺に配られ、もっとも貴ばれた「紫紙金字金光明最勝王経《ししきんじこんこうみょう》」を包むもので、紫根《しこん》染の深い紫色の糸で編まれている。

このように奈良時代の尊い工芸品は、すべて紫根で染められたものと断言できる。

飛鳥時代からさらに文明の発達した時代で天皇や貴人らが、いくら杜若が近くにあったとしても、そのような幼稚な染色をするようなことは考えられない。

私たち現代人は、奈良時代の人びとが不便な生活をしていたように思いがちだが、美術工芸の技術はいまもおよばないものがあるほどに進歩していたのである。ともあれ、日本においては紫の色が珍重される時代がこのあとも長くつづくのである。

光源氏が最愛の人へ贈った色

応仁《おうにん》の乱などの戦火で平安時代のものは、その前の時代のように実物として遺されていないが、やはり紫が愛されて、尊ばれたことが文学作品などで推《お》しはかることができる。そこには季節の風情《ふぜい》を写した色の名称が数多く登場するが、紫に関してもそれは顕著《けんちょ》である。

「縁《ゆかり》の色」ということばがあり、これは『伊勢物語』の「第四十一段」に由来している。

むかし、女はらから二人《ふたり》ありけり。一人《ひとり》はいやしき男の貧しき、一人はあてなる男もたりけり。いやしき男もたる、十二月《しはす》のつごもりに袍《うへのきぬ》を洗ひて、てづから張りけり。こころざしはいたしけれど、さるいやしき業《わざ》も習はざりければ、袍の肩を張りやりてけり。せむかたもなくてただ泣きに泣きけり。これを、かのあてなる男聞きて、いと心苦しかりけれ

ば、いと清らなる緑衫の袍を、見いでてやるとて、
むらさきの色こき時はめもはるに　野なる草木ぞわかれざりける
武蔵野の心なるべし。

女の姉妹がいて、ひとりは身分の低い貧しい男と、もうひとりは高貴な人と結ばれていた。貧しいほうの男の女が十二月の月末に衣裳を洗っていたところ、それを破ってしまった。これを聞いて、高貴な人が立派な衣裳をさしあげた。

そうして、紫草は生えているときは緑色にみえて、ほかの草木と区別がつかないが、根には豊かな紫の色素があって、土中でつながっていて「縁」があるのです、と述べている。

つまり自分の妻を愛しているので、義理の姉妹であるあなたは他人と思われないという。そのあとに平安時代に紫の産地として有名であった「武蔵野の心なるべし」という注釈が入っている。

平安時代には武蔵野には紫草の栽培園があって、かなり多くの紫根が採れたことが『延喜式《えんぎしき》』にも記されて広く知られていた。

このようなことから紫にまつわる逸話《いつわ》が生まれ、染色の視点からみれば、紫草の根は土が紫に染まるほど濃い色素を蓄《たくわ》えているという特徴をよくとらえて和歌や物語に記されているのである。

平安朝、藤原氏全盛の時代において紫がとくに尊ばれたことは多くの先学がすでに記されてい

るが、これらに導かれて紫の話をもう少しつづけたい。

『源氏物語』の「玉鬘《たまかずら》」に衣配《きぬくば》りの場面がある。

年の暮れに光源氏が愛する女性たちに衣を配るところである。

「いづれも、劣りまさるけぢめも見えぬものどもなめるを、着たまはむ人の御容貌《かたち》に思ひよそへつつたてまつれたまへかし。着たるもののさまに似ぬは、ひがひがしくもありかし」とのたまへば、大臣《おとど》うち笑ひて、「つれなくて人の御容貌《かたち》おしはからむの御心なめりな。さていづれをとかおぼす」と聞こえたまへば、「それも鏡にてはいかでか」と、さすがにはぢらひておはす。紅梅《こうばい》のいと紋《もん》浮きたる葡萄染《えびぞめ》の御小桂《こうちき》、今様色《いまよういろ》のいとすぐれたるとは、かの御料《れう》（略）

紫の上が、女性それぞれの容姿を思い描いて似合うものを選んであげてくださいと、少し嫉妬《しっと》しながらも光源氏に語りかける。光源氏はそれを聞いて、私が選ぶのをみて、あなたはそれぞれの女性の顔と姿を想像するのでしょうと笑っている。

そして、あなた自身はどれを選ぶのですかと問うたところ、「鏡でみただけで、どうしてわかるものですか」と、はにかみながら光源氏が選んでくれることをあえて望んでいる。

そこで光源氏は紅梅《こうばい》の表着、それに葡萄色《えびいろ》の小袿《こうちき》を紫の上に選んでいる。葡萄色とはかなり赤みがかかった紫色で、さすがに光源氏も最愛の人にはそれにふさわしい紫の色をあたえているようである。

平安朝の人びとは、もうひとつの紫色も好んでいた。それは「二藍《ふたあい》」という色である。

この色は藍《あい》を染めたあとに、紅花《べにはな》をかけて紫系の色にするもので、紅花が日本に渡来してきたとき、呉《ご(くれ)》の国からきた藍（染料）というので、呉藍《くれのあい》とよばれたところから、藍を二つ重ねるためこの名になった。これは以前にも述べた。

二藍は、藍と紅花をかけ合わすのであるが、それぞれの分量によって微妙に紫の色が変わる。紅を濃く藍を少なくすれば派手な紫になるし、その逆にすると地味な色あいになる。

『源氏物語』において、あるとき、光源氏の息子である夕霧《ゆうぎり》が、思い焦がれている雲居雁《くもいのかり》の父である内大臣から招かれたことを告げる。そのとき源氏は、直衣《のうし》は二藍の色がいいのだが、あまり紅花の強いものは身分が軽くみられると忠告して、自分の上等なものを与えるのである。二藍は年齢を重ねて身分が高くなるほど藍がかった落ちついたものを着るようになっていた。

このような紫を尊ぶ風潮は、つぎの清少納言の『枕草子』の言葉に集約されているといえよう。

すべて、なにもなにも、紫《むらさき》なるものは、めでたくこそあれ。花も、糸も、紙も。

武将の紫と江戸好みの紫

紫を尊ぶことは、時代が下って武家社会になってからも同じであった。

山形県米沢市《よねざわ》にある上杉《うえすぎ》神社*には上杉謙信《けんしん》の衣裳が数多く遺されているが、そのなかに、肩と裾が紫で染められ、その真中の部分が絣《かすり》で括《くく》られて白くなっている「紫白腰替り竹雀丸文様小袖」がある。これは明らかに紫草の根を、それも相当な量を使って糸を染め、織りあげたもので、絣であらわした中央の白が効果的で、紫が見事に映えた仕上がりになっている。

また、豊臣秀吉も紫を愛した武将である。

肩には濃い紫地に桐紋《きりもん》を白く絞《しぼ》り、胴の白地の部分には鶸色《ひわいろ》、浅葱《あさぎ》、紫で桐紋を表現し、裾には濃い緑地に矢の形をあらわした華やかな辻《つじ》が花《はな》染の胴服《どうふく》がある。天正十八年（一五九〇）の小田原の戦いに必要な馬を献上した南部藩の南部信直《のぶなお》にその礼として与えたもので、今日まで遺っている。これにも紫草の根がふんだんに使われている。

これがきっかけかどうか、江戸時代になって盛岡と秋田県の花輪《はなわ》あたりに紫草が多く採れて、南部藩では紫根染を特産物として振興するようになり、江戸にまで送られるようになった。

その伝統を守っていた盛岡市の紫草園中村家に、秀吉より南部藩が拝領したものが長く伝えられていた。それは現在、京都国立博物館に収蔵され、四百年を経たいまも美しい紫色をたたえている。

さらに徳川家康もかなりの数の小袖《こそで》、胴服などの衣裳を遺しているが、そのなかにも紫色の辻が花染が数領ある。

このような紫（赤の色の強い）を好む武将たちの姿は、その当時、南蛮船でやって来たポルトガル、スペインの異国の人びとの眼にも印象的に映ったのであろう。一五七七年に来日したポルトガルのイエズス教会のジョアン・ロドリゲスはこう記している。

衣類の布地は表は、それが綿であろうと、木綿《カンガ》あるいは亜麻の布裂《ぬのきれ》であろうと、いろいろの色をした花が優美に描かれているのが普通である。もっとも、絹物のなかには縞模様のものもあり、また一色のものもあり、二色のものもある。絹の衣類でもほかの材料でもそれらの材料に模様を描くことにおいて、日本人は偉大な職人であって、いろいろな描き方をした花《ローザ》の間に金糸を縫い込む。彼らは緋色を使うことですぐれており、さらに赤紫色を使うことでひときわすぐれている。（『日本教会史』第十六章）

武蔵野に紫草が多く生育していたのは平安時代から知られるが、この地で、その染色の技がおこなわれるようになったのは江戸時代になってからである。

いわゆる「江戸紫《えどむらさき》」というのは、いまの杉並区に住んでいた杉田仙蔵《すぎたせんぞう》という豪農が、京都からやって来た僧侶の円光《えんこう》と出会って、紫染を研鑽《けんさん》し、盛岡南部まで出向いてその技術を完成させてからといわれている。

それは京都の赤系の紫に対して、青味がかって江戸っ子の性分にあったのか、それが流行し、江戸紫根《しこん》問屋が多く出現した。三鷹から西の五日市にかけて、かなりの量が栽培されていたといわれる。

江戸歌舞伎で有名な「助六《すけろく》」*の、頭に巻いている紫の鉢巻きが江戸紫の色である。

紫草の根は染料とともに薬草として和漢薬に現在でもかなり多く用いられている。皮膚をきれいにする効用があり、華岡青洲《はなおかせいしゅう》が発明したといわれる紫雲膏《しうんこう》にはこれが含まれている。あるいは興奮をさますという効果もあるといわれ、助六の鉢巻きは気の荒い性格を鎮《しず》めるために頭に巻いたという。いずれにしても、その青味の紫の鉢巻き姿は、江戸好みを象徴したのであった。

洋の東西を問わず、このようにして紫の色は長く尊ばれてきたが、一八五七年、英国ロンドンの王立化学学校の助手であったウィリアム・ヘンリー・パーキンがマラリアの薬を研究しているうちに偶然、赤紫の色素を合成したのである。アニリンという化合物からつくられた赤紫は「モーヴェイン」と名づけられ、これをきっかけとして、茜《あかね》、インド藍《あい》などの染料がつぎつぎと化学的に合成されて、世界の色は自然の色から化学の色へと変わっていくのである。

紫が尊ばれて数千年ののち、人間は人工的にその色を造りだし、自然界の草の根や貝の内臓に含まれる秘《ひ》めた色を捨てたのである。

「平等院」　本文にもあるように、源融のかつての別荘を藤原道長が譲り受け、道長の死後、息子の頼通が永承七年（一〇五二）に寺院とした。翌年に阿弥陀堂（鳳凰堂）が完成、内乱や戦火をくぐりぬけて、現在まで至る。平成十三年竣工の平等院ミュージアム「鳳翔館」では中堂の鳳凰や雲中供養菩薩像、扉絵、梵鐘などの絵画、彫刻、工芸品の粋を間近にみることができる。宇治市宇治蓮華116〈JR宇治駅または京阪宇治駅下車〉

「上賀茂神社」　神武天皇のときに祭神の賀茂別雷神が神山に降臨し、天武天皇七年（六七八）に社殿が築かれた。朝野を問わず尊崇を受けた社で、嵯峨天皇は皇女有智子内親王を初代斎王（神の杖となって仕える未婚の皇女）と定め、以来斎王の制度は三十五代、約四百年続いた。五月十五日の「葵祭」は参列者が神紋の二葉葵の葉を身につけることからそう通称される。平安時代、祭といえばこの葵祭のことであった。京都市北区上賀茂本山339〈市バス上賀茂神社前または上賀茂御薗口橋〉

「下鴨神社」　祭神は、神武東征のおりに熊野から大和に入る道案内役の八咫烏に化した神の賀茂建角身命と娘の玉依姫命。上賀茂神社の祭神・賀茂別雷神は玉依姫命の子という。賀茂社は朝廷の尊崇を受けて大同二年（八〇七）に正一位となっている。社は約三万六千坪の自然林「糺の森」のなかに森閑としてある。京都市左京区下鴨泉川町59〈京阪出町柳駅または市バス下鴨神社前下車〉

「社家町」　社家とは、特定の神社の神職として世襲してきた家のこと。江戸時代には上賀茂神社の社家町は神主など上級職を担う七家と、社司（神官など）二十一職、それらに奉仕する氏人たちで二百八十軒近くあった。明治維新で神主家七家の制度は廃止、社司、氏人も任を解かれたが、現在は三十数軒の社家と閑静な街並みが残されている。

「大田神社」　神社の参道の東にある大田の沢に咲く杜若の群落が有名。約二万五千株といい、五月下旬に鮮やかな紫の花を咲かせる。なお神社の祭神は猿田彦命と天鈿女命。社殿は江戸期の建築。京都市北区上賀茂本山340〈上賀茂神社から徒歩〉

「上杉神社」　明治九年に上杉謙信（一五三〇～七八）と藩主上杉鷹山（一七五一～一八二二）を祭神に米沢城本丸跡に建立された。明治三十五年に別格官幣社に指定されたさい、祭神は謙信のみとなり、鷹山は摂社に祀られて松岬神社となった。大正八年（一九一九）の米沢大火でほとんどの社殿が焼失したが、四年後に現在の社が完成した。米沢市丸の内1丁目〈JR米沢駅から山交バス上杉神社前下車〉

「助六」　歌舞伎十八番のひとつ『助六縁江戸桜』の通称であり、主人公の名。二代目市川團十郎の当たり狂言として上演され、享保元年（一七一六）以降、つぎのような話になった。任侠の花川戸の助六（じつは仇討ちで有名な曾我兄弟の曽我五郎）は、名刀友切丸を探し出すため吉原に出入りするうち三浦屋の揚巻と恋仲になる。揚巻に横恋慕する意休老人がこの刀を持っていることを聞きだし、助六が奪い返すというもの。主人公の助六が直情径行でカッとしやすいため、鎮静の薬効がある紫根で染めた鉢巻を熱冷ましとして巻いたという話もある。

六月……祇園祭《ぎおんまつり》の山鉾《やまほこ》の華麗な装飾と友禅染《ゆうぜんぞめ》の誕生

鴨川《かもがわ》の水害から生まれた京の祭

梅雨がようやく明けて、これからうだるような暑い日がつづくという京の夏。そんな季節のはじめにおこなわれるのが「祇園祭」である。三十数基の巨大な「鉾《ほこ》と山《やま》」が、華麗な飾りをつけて四条烏丸《しじょうからすま》の交差点を出発し、四条通を東へ巡行する。

大きな鉾や山にはその四方に鮮烈な染織品が掛けられて、人びとの眼を引くが、それらのなかには、いまから三、四百年前にはるか波濤《はとう》を越えてやってきた南蛮船《なんばんせん》や紅毛船《こうもう》、あるいは中国からの唐船《とうせん》によって運ばれた世界の名染織品の数々がある。それらが夏を兆《きざ》す強烈な太陽の光を受けて燦然《さんぜん》と輝くさまは、まさに壮観で「動く染織博物館」ともいわれるゆえんである。

日本で三指に数えられるこの祇園祭の歴史を知るとともに、この装飾品の来歴《らいれき》を聞き、その鮮烈な色と文様をみるとき、島国である日本がいつも海外の文化の波を受け、その刺激によって伝統を育んできたことを理解するであろう。

京都の街は鴨川の流れの賜《たまもの》であるといわれる。

四条通と河原町通《かわらまちどおり》の交差点一帯は、いまは京都でいちばん賑やかな繁華街になっているが、かつては鴨川の河原であった。このあたりは平安の昔より人が自然と集まってきて、芸人たちが遊芸を演じ、見世小屋をつくっていた地域である。

東には東山の緑のすそに朱塗りの祇園八坂《やさか》神社があり、西に歩けば、つぎの大通りが烏丸通《からすま》で、室町《むろまち》通、新町《しんまち》通あたりまで商業の地として背の高いビルディングが並んでいる。

京都はもとより、日本の歴史的な祭礼である祇園祭を語るとき、東西に走る四条大路と鴨川の流れは欠かせない。

鴨川の西に高瀬川が流れている。角倉了以《すみのくらりょうい》が鴨川から水を引いて、洛南の伏見《ふしみ》へ下る水運のために開削《かいさく》した浅い流れである。木屋町《きやまち》、先斗町《ぽんとちょう》と南北の細く小さな路が流れに沿い、ここも人の通りが絶えない。四条大橋に出ると急に視界が広がって、比叡山から東山の峰々が連なっているのがみえる。

四条大橋を東へ渡ってすぐ右手には、河原にあった芝居小屋の名残をとどめる南座《みなみざ》。縄手通《なわてどおり》の信号を越すと、もうそこは祇園の花街で、華やいだ気分がよりいっそう感じられて歩いていても心浮かれる。

京都は遷都《せんと》まもなく多くの人びとが住まう都市となって繁栄していくが、北山からは皇居と住居の建設のために樹木をかなり伐採《ばっさい》したため、雨の多いときには保水ができなくなり、大量の土砂が鴨川に流れこんだ。堤防はたびたび決壊《けっかい》し、京の街は水害に見舞われた。そして多くの疫病人を出すこととなった。

祇園祭はこうした社会的背景から生まれたものである。氏神である祇園八坂社の伝えによれば、貞観《じょうがん》十一年（八六九）、鴨川の水害によって悪疾《あくしつ》がひどく流行した。そのため民衆は災害がなくなることを願って、六十六本の高い柱のような標柱《ひょうちゅう》を建て、神輿《みこし》をかつぎ、大内裏《だいだいり》の南にあった「神泉苑《しんせんえん》」*に詣でたのがそのはじまりとされている。六十六本の数は当時、日本を六十六の県に分けていたことにちなんだといわれている。

東山山麓にあった小さな農耕の神さまである八坂社が、インド仏教の聖地、祇園精舎《ぎおんしょうじゃ》の守護神である牛頭天王《ごずてんのう》を迎えて祇園社となり、さらには当時の天皇をはじめとする朝廷貴族の厚い信仰を受けていた天台宗比叡山延暦寺《てんだいしゅうひえいざんえんりゃくじ》の末寺となって、より大きな力をもつようになっていった。

そして、三条、四条の河原に人が集うようになって、このあたり一帯が賑わいをますとともに、祇園八坂社の存在はより大きくなり、神泉苑に詣でた標柱と神輿による原初の信仰が変化してきたのである。

こうして民衆の祈念《きねん》によってはじまった祇園祭であったが、さまざまな恨《うら》みをもって早世《そうせい》した人びとの怨霊《おんりょう》を鎮める、いわゆる御霊会《ごりょうえ》の性格も帯びるようになり、安和《あんな》三年（九七〇）にはとうとう朝廷が認める官祭となって、京都における最大の祭事となっていった。

平安京の造営より二百数十年の歳月をへた十一世紀終わりには、ようやく都も落ち着きをみせてきたが、朱雀《すざく》大路より西は低湿地帯であまり人口がふえず、東側の烏丸通を中心に都の機能が集中するようになった。

それと同じくして、都では自由な経済を望む気運が高まり、商売を企《くわだ》てて成功する町人が増えつつあった。現在の室町、新町通あたりはそうした商人が軒を連ねるようになり、いわゆる町通りと称して賑わいをみせはじめてきたのである。

彼らは財力を背景に祇園祭に参加しはじめるようになり、祭もいっそう華やかなものになっていった。それは今日の祇園祭の隆盛、全国に知られる高名につながっているのである。

商人の財力でいっそう美麗に

後白河《ごしらかわ》天皇の命によって十二世紀の半ばすぎに描かれたという『年中行事絵巻《ねんじゅうぎょうじ》』に祇園祭を描いた場面がある。

田楽の法師が笛、太鼓などの鳴物を囃しながら踊りはじめる。大幣《おおぬさ》をつけた大きな竹をもって扇を広げながら道を先導している人がいる。そのあとに公家姿の女性が馬に乗り、絹の風流傘《ふうりゅうがさ》をさしている。舞楽《ぶがく》の舞人《まいうど》が数名、標柱というか、長刀《なぎなた》に小さな幡《ばん》を肩に担いで四基、そのあとに神輿が四基つづいている。

路上の見物には公家が乗っているとおもわれる牛車《ぎっしゃ》も、また庶民の姿もある。巨大な車のついた鉾《ほこ》はまだ登場しないが、大幣をもつ男の扇、長刀のような標柱、いまの祇園祭の先頭をいく長刀鉾の原形のようなものがみられ、演芸と祭礼が合体し、貴族と庶民との一体感がみてとれる。

中御門《なかみかど》右大臣藤原宗忠《ふじわらのむねただ》が朝廷のありさまを日記風に綴った『中右記《ちゅうゆうき》』のなかに、

祇園御霊会、四方殿上人・馬上・童・巫女・種女・田楽各数百人、此外、祇園所司僧随身数十人兵、供奉す。舞人十人、使唐鞍に乗る。凡そ天下の過差勝計すべからず。金銀錦繍、風流美麗、記尽すべからず。両院、按察中納言三条室町の桟敷において見物。


とある。

さらに鎌倉時代、室町時代へと時をへていくにしたがって華美さが加わるのはもとより、現在のような巨大な鉾ができていた記録がある。一条兼良《いちじょうかねよし（かねら）》の筆とされている『尺素往来《せきそおうらい》』には、

祇園御霊会、今年殊に結構。山崎の定鉾、大舎人の鵲鉾、処々跳鉾、家々笠車、風流の造山、八撥、曲舞、在地の所役、定て神慮に叶う歟。晩頃、白河鉾入洛すべきの由、風聞に

て候。

と記され、都の西北の山崎村から、東北の比叡山のふもとの白河の村から、あるいは染織の職人集団である大舎人《おおとねり》の鉾がやってくる。さらに風流な舞などもあるという。

「室町殿がご見物ありと」という記述もあって、時の足利将軍が祭を見物にきたことがわかる。これをみると、朝廷はもちろん、新たに政権を握った武家も加わっている。三代将軍義満《よしみつ》が永和《えいわ》四年（一三七八）には藤若、つまり若き日の世阿弥《ぜあみ》を連れて見物にきており、祇園祭は朝廷、将軍の支持を受け、京都の街中はもとより郊外の村々まで参加する大きな祭へと発展していった。

だが、応仁元年（一四六七）にはじまった応仁の乱は十一年という長い戦乱となり、京の街は焦土《しょうど》と化し、祇園祭も中止せざるを得なかった。戦乱ののちも大きな被害を受けた町の商人の財力は乏しく、戦乱の勃発から三十三年近くたった明応《めいおう》九年（一五〇〇）にようやく祇園祭は再開された。

長い戦乱において、権力の争いの混乱をみせつけられた町人たちはその経験を生かして、自らの力の結集によって町を共同体として治める力を強めていき、祇園祭の祭礼もひとつの糧《かて》となっていたのである。

復興してからは、烏丸通の西側、四条通を中心とする商業地域の人びとは座《ざ》を中心としてよりいっそうの発達を示していった。そして、戦国時代、力強い武将が登場し、つぎつぎと京へ上ってくる。

いっぽう、ポルトガル人の種子島《たねがしま》への漂着、フランシスコ・ザビエルの来航という大航海時代の幕開けが、マルコ・ポーロをしてジパング（黄金の国）といわしめた東の小さな島国にも到来してきた。

堺、長崎、博多などの港には中国はもとより、南蛮人のもたらすペルシャ、インド、はてはヨーロッパの産物が数多く渡来し、織田信長、豊臣秀吉といった権力者はもとより、富を蓄《たくわ》えつつあった京の商人、祇園祭を支える人びとをおおいに刺激したのである。

みずからが組織した鉾町の象徴である山や鉾のために、いままでみたこともない南蛮渡来の絨緞《じゅうたん》、異邦人を描いたタペストリーを競《きそ》って買い求めた。巨大な鉾の胴掛《どうがけ》には、輝くように映る異国情緒の豊かな色彩はうってつけのものであった。

また、天正二年（一五七四）に織田信長が、上杉謙信に贈るために狩野永徳《かのうえいとく》に描かせたといわれる「洛中洛外図屏風《らくちゅうらくがいずびょうぶ》」には、長刀鉾を先頭に月鉾《つきほこ》、船鉾《ふねぼこ》など山鉾の巡行が描かれていて、中国やインド、ペルシャの絨緞と思われる装飾品が数多く飾られているのがつぶさにみてとれる。

桃山時代から江戸時代へとつづく西暦一六〇〇年を前後して祇園祭の鉾や山の装飾に使われた

染織品のうち、はるか海を越えて渡来したものが、三、四百年をへて現在の祇園祭にいまもなお使われているものが少なからずある。その例を紹介しよう。

まずは、長刀鉾と南観音山《みなみかんのんやま》に伝えられるペルシャ帝国サファヴィー朝（一五〇一〜一七三六）の通称「ポロネーズの絨緞」。これはイランのイスファハンで織られたもので、現在は退色が激しいが、紅花で染められた赤、そして黄、緑、縹《はなだ》など多彩な色が絹に染められている。「ポロネーズ」とは、ポーランド向けの輸出品との意味であるが、どのようにして日本にもたらされたのか。

月鉾には、イスラム文化の影響で成立していたインドのムガル帝国のラホールという街で織られた円形のメダリオンと花葉の文様があらわされた真赤な絨緞があり、この赤は臙脂虫《えんじむし》という赤色を出す昆虫で染められている。これはとりわけ保存がよくいまも美しい色彩を保っている。

南観音山にはインドで染められた木綿の更紗《さらさ》が三種伝来され、そのなかの一枚には貞享《じょうきょう》元年（一六八四）の銘があり、この鉾町の袋屋庄兵衛が寄贈したことが明らかにされている。

函谷鉾《かんこぼこ》には中国の周辺の遊牧民によって織られた牡丹や虎、梅の文様があらわされた羊毛の絨緞があり、これらはこのほか二十枚ほどが各鉾町にある。

北観音山《きたかんのんやま》には中国の明時代の綴織《つづれおり》で百唐子《ひゃくからこ》を描いた掛物があり、紅花で染められた赤はいまかなり退色している。近年同じ種類のものがチベットの寺院で発見され、この北観音山に収められたが、それはまばゆいばかりの赤を保っており、往時の色彩の鮮やかさがみられる。

鯉山《こいやま》にはベルギーのブリュッセルからもたらされたタペストリーがあり、それはギリシャの詩人ホメロスが書いた長編叙事詩『イリアス』の一場面が綴《つづれ》で織りこまれている。

以上、列記したものはほんの代表例で、このような異国情緒の豊かな染織品をそれぞれの鉾町で買い求めることは、隣町との激しい競争心のあらわれであり、巨大な鉾や山が巡行するときに、多くの観衆の眼を引きつけるには、よほど大胆で鮮烈な色彩が必要であったのであろう。

自由な気風と友禅染の誕生

祇園祭を支える室町通、新町通の商人は呉服商が多かった。かつては大店《おおだな》といわれた大きな呉服商がかなりの数を占めていたし、それらのなかから大きく成長して現在の百貨店や巨大な商社になっているものも少なくない。

いまでもこのあたりは呉服商人の街で、そこから一、二本通りを西へ行った西洞院《にしのとういん》、そして堀《ほり》川《かわ》といった通り筋には呉服商から注文を受けた染色加工の職人たちが軒を連ねている。ここらにも祇園祭の鉾山町がある。染織品を商う人、呉服を染める職人たちは江戸時代になって、いずれもそれまでにまったくみたことのない大きくて鮮やかな絨緞や壁掛をみて刺激されないはずはない。夏の強烈な陽を浴びて、まさに山が揺れ動くように巡行する巨大な山車と鮮烈な色彩、とりわけ赤の色が強く眼に焼きついたように思える。

徳川幕府が政治の体制を整え、ようやく安定をみせはじめた寛文年間《かんぶん》（一六六一〜七三）には祇園祭を支える町人たちがいっそうの経済力をそなえ、富める者のなかには競って華美な衣裳を制作するようになり、公家や武家をしのぐようになってきた。

幕府は天和《てんな》二年（一六八二）、町人に対して派手な衣服を着用しないように「町中之者共服之美御触書」という禁令《きんれい》を出した。これ以後たびたびこのような贅沢《ぜいたく》禁止令を出し、金紗《きんしゃ》、刺繍《ししゅう》、そして総絞《そうしぼ》りなどきらびやかな技法を使わないようにさせた。

呉服商も染色職人も禁令に従わざるを得なかったが、彼らには祇園祭の赤の華やかな染織品をみて養《やしな》われた眼があった。月鉾にいまも残されているような赤の絨緞、南観音山、鯉山に伝えられる印度更紗《いんどさらさ》、とりわけインドで染められた赤の鮮やかな更紗は、祇園祭だけでなく相当量が日本へ持ち込まれ、武家、町人を問わず競って買い求めたので、染織職人を大いに刺激した。

異国の染織品を数多くみていくうちに、従来の技法に頼るのではなく、新しい技術を開発し幕府の禁令に触れないものをつくろうとする動きが出てきた。禁令の御触が出るわずか前に出版された『新撰御ひいながた』には伊達染《だてぞめ》、茶屋染《ちややぞめ》などに混じって更紗染、しもふり染があり、インドからもたらされた更紗を模倣しようとしていることがみられる。

　幕府による豪華な染織品の禁止令下でも、富力を蓄える商人と職人たちは舶来の明るい色彩に魅《み》せられ、みずからの手で自由で新鮮なものを生み出そうという気運にあった。こうした時代に誕生したのが「友禅染《ゆうぜんぞめ》」である。

　祇園八坂神社を東へ抜けると円山公園、左に行くと東山三十六峰華頂山《かちょうざん》の麓に大伽藍をかまえる「浄土宗《じょうどしゅう》 知恩院《ちおんいん》」*の雄大な三門と石段がみえる。その右手奥（友禅苑内）に宮崎友禅斎の像がある。着物の代名詞ともいわれる友禅染はこの知恩院の門前に住んでいた扇絵師・宮崎友禅斎によって考え出された。

　花や鳥の文様をあらわすのに、米糊《こめのり》で生地に輪郭《りんかく》を描き、そのなかに臙脂綿や朱の赤、藍蠟《あいろう》、群青《ぐんじょう》といった青、雌黄《しおう》の黄色など多彩な染料や顔料を挿《さ》し込んでいくという、いわば扇絵師本来の仕事である日本画の技を染色に持ち込んでいったのである。

　それまでの天然染料の液のなかにどっぷりと浸ける技法とは違って、一枚の布に自由に文様をあらわすことができて、彩色《さいしき》も筆につけながら自由に描いていける。友禅染の誕生は贅沢禁止令によってやや萎縮せざるをえなかった町人と染職人にとっては画期的な発明で、その人気は高まる一方であった。

『都今様《みやこいまよう》友禅ひいながた』の序文に、

夫衣裳の模様さまざまにして、柳はみどり、花ハくれないの、いろいろを好、鶯うぐひすのをのがとりとりの下絵を写して、世におこなはる丶おほしといへども、鹿子、縫薄、正平、よしながの染分の昔にかはらずして当世をこのむたよりにならず、爰に宮崎氏友禅といふ人有て、絵にたくみなることいふに斗なく、古風の賤しからぬをふくみて、今様の香車なる物数奇にかなひ、上は日のめもしらぬ奥方、下はとろふむ（泥踏）女のわらはにいたるまで、此風流になれり……。

とある。なかでも赤色を出す臙脂綿《えんじわた》という色材は、月鉾のインド製の絨緞《じゅうたん》の赤と同じ、臙脂虫という染料で、やはりインド、カンボジア、ラオスという熱帯、亜熱帯の樫《かし》の木につく虫から採った珍しい染料で、いったん、中国の蘇州《そしゅう》に送られ精製されて綿にしみ込ませて日本に輸入されていった。日本画の色材に使われていたが、友禅染に応用されるようになると、長崎港での臙脂綿の輸入量はいっそう増大したことが記録されている。

堀川の周辺には、幾本《いくすじ》もの小川が流れていて、さらに北山あたりからは伏流水《ふくりゅうすい》ともなって、このあたりに良質の地下水をもたらした。

この南北の道筋に北に表千家《おもてせんけ》、裏《うら》千家、武者小路《むしゃのこうじ》千家、南に藪内家《やぶのうちけ》といった茶道の家元が並び、造り酒屋、豆腐屋、そして四条通と交差するあたりには友禅染を得意とする染物屋が数多く軒を連ねたのはこうした水流の環境からであった。

はからずも都の造営のために北山の樹々を切りたおしたために保水力が弱って、たびたび鴨川は氾濫《はんらん》した。それが祇園祭の誕生となり、その山鉾の装飾品が町通りの呉服商や堀川、西洞院の染色職人の眼を養って刺激して、北山からの鴨川の清らかな伏流水が友禅染の色を美しく鮮やかに支えたのである。

「神泉苑」 大内裏の南に造営された禁苑（天皇のための庭園）。当初は二条通から三条通まで南北約五〇〇、東西約二四〇メートルの御池を中心とした大庭園であった。嵯峨天皇が弘仁三年（八一二）に神泉苑で「花宴の節」を催したと『日本後記』にあり、これが記録に残る初めての花見である。中世以降規模は小さくなり、現在は真言宗の寺域となっている。京都市中京区御池通神泉苑町東入ル門前町１６６〈市営地下鉄二条城前駅下車〉

「知恩院」 浄土宗の宗祖法然（一一三三〜一二一二）の入寂の地である。徳川秀忠・家光らにより復興再建され、高さ二四メートルの三門、一度に四千人が集える御影堂など広大な境内に壮大な伽藍を誇る。三門の南側にある「友禅苑」は京友禅の祖・宮崎友禅斎の生誕三百年を記念して、昭和三十六年（一九六一）に改修・造園された。京都市東山区林下町４００〈市営地下鉄東山または市バス知恩院前下車〉

色の歳時記

【七月から九月】

藍　絹と七夕　刈安の黄

人々に愛された藍

水のなかで次第に青味をましていく藍染の絹糸。空の色であり、海の色である［七月］

生葉染の染液

新しい緑の葉をいくども揉んでゆくと若々しい青味の液体が抽出されていく［七月］

藍染の糸

絹糸を藍色に先染めする。くり返し染めていくと、青が濃くなってゆくが、それぞれの段階に色名がある［七月］

蓼藍の畑

世界各地に藍色を生みだす植物はあるが、日本では蓼藍が用いられている［七月］

藍の意匠
身近な藍色だが、屛風のように仕立ててみると新鮮な印象になり、涼をはこんでくる［七月］

精緻な藍染
文様と具象が一体となった藍染の衣裳の名品。茶屋辻［七月］

「乞巧奠」の儀式

五行思想にもとづく七夕の色を再現してみる。紫を上位にして、青・赤・黄・白・黒を並べて飾った［八月］

絹の発見
四千数百年前に古代中国で発見された絹は、シルクロードを西へ東へ渡って、華麗な染色を実現させた［八月］

刈安から得た黄
伊吹山から届いた刈安の染材を使って
絹布を黄色に染めてゆく［九月］

鮮やかな黄の色

深く濃く鮮烈な黄色を生みだす刈安は古くからその存在が知られていた「九月」

四季十二ヵ月の造り花
石清水八幡宮の祭りには染和紙で作られた各月の花々が奉納される［九月］

[菊]

[水仙]

[梅]

[椿]

[竹]

[南天]

［松］

［桜］

［牡丹］

［杜若］

［橘］

［紅葉］

青柿から柿渋色に
まだ青い柿の実を石臼で砕き、柿渋の染液を抽出していく（写真上）。その柿汁で文様を描く（写真下）［九月］

柿渋の引き染屏風
下の部分に柿渋染をグラデーションにみせた和紙による屏風［九月］

歌舞伎十八番「暫」の衣裳
三枡の文様と柿色の素襖で市川団十郎演じる「暫」。三枡は市川家の家紋である。写真は松竹提供［九月］

七月……世界の人に愛された涼《すず》やかな藍の色

インディゴブルーと出藍《しゅつらん》の誉《ほま》れという言葉

藍は夏の色である。

涼やかな麻布を、藍の甕《かめ》のなかになんどか浸けていくと、その色は甕覗《かめのぞき》、浅葱《あさぎ》、縹《はなだ》という色名があるように、しだいに濃く染め上がっていく。最後に桶に水をいっぱい張って、そこに甕から引き上げた布を入れる。どんどん水を足して、あふれさせながら、布を繰《く》っていく。流水のなかを、藍の布がくねりながら泳いでいるさまは、あるときは空のようであり、あるときは海にもみえて、夏の光を涼やかに反射させる。

藍で染められた布はだれの目にも親しみを与えるものだ。

初めて宇宙を飛んだソ連のガガーリン少佐が、「地球は青かった」と語ったことを私は子どもながら印象強く思った。

日本人で最初に宇宙を飛んだ元ＴＢＳ記者の秋山豊寛《とよひろ》さんとある雑誌で対談する機会があった。秋山さんは色彩のことに、たいへん興味を持たれていて、そのときの話のなかで、

「僕はブルーがすごく好きなんですよね。宇宙船からみると宇宙は本当に真っ黒なんですよ。

しかし地球の輪郭から、だんだんその真っ黒な宇宙に行くとき、大気は青くみえるんです。地上十一キロぐらいの対流圏から上がって、どんどん成層圏になって、五十キロとか百キロとか、そこに向かって、ずっと青く輝くようなものが、だんだん黒に変化していくんですね。この色の変化がすごくきれいなんですよ。黒とのすれすれの部分の所がインディゴブルーなんです。その青が何とも言えない」

といわれた。

たしかに地球上に住む人びとにとって青はだれもが親しみを持てる色であろう。秋山豊寛さんが、いみじくも青のことを「インディゴブルー」と表現されたが、これはインドで造られた藍という意味である。熱帯の国でつくられた藍は色が濃くてすぐれているところから、近世になって航海術が発達して、世界の各地へと運ばれたので、藍で染めた青のことをヨーロッパの人びとはインディゴブルーと表現するようになった。

いっぽう、中国には、

「青《あお》は藍《あい》より出《い》でて、藍より青し」

という古い文言があり、中国の戦国時代の『荀子《じゅんし》』勧学編に記されている。青という色は藍の葉から染めるものなのだが、その染め上がった色彩はもとの藍の色よりもより青くなるという意味である。そこから、「出藍の誉れ」という語句が生まれ、弟子が師より優れていることのたとえになった。ということは、すでに、この言葉が生まれたころ中国では藍の葉による染色が完成していたということである。

どんな繊維にもよく染まる藍

古代エジプトでも藍は古くから染められていた。エジプトの古い壁画をみると、そこに描かれている人びとは真白な亜麻《あま》の貫頭衣《かんとうい》のようなものを着ている。その亜麻布は、近世の大がかりな発掘作業の結果、たとえば私たちはロンドンにある大英博物館やニューヨークのメトロポリタン美術館のエジプト室でみることができる。

その、いまから約四千年前のエジプトの人びとが着ていた白布の両方の織耳《おりみみ》に近い先に、わずかに細い藍の縞線《しません》が織り込まれている。広い幅の純白の薄い裂《きれ》だけにその両端の藍の色はきわめて印象的で美しい。

世界中で藍を染めていない民族はほとんどないといってよく、たとえば北極圏に近い厳寒地の人びととか、あるいは衣服を必要としない熱帯地域にいる人以外は、どこの地域でも藍を染めている。

青を染めるには人間は古くから藍という染料を使ってきた。

藍という染料は、紅花や紫草の根のように、ひとつの染料植物をさすのではなくて、藍を含んでいる葉をどのように使うかということであって、藍を含んでいる植物を身近に発見することが藍を染める要件になる。

つまり、藍の色素を含んだ植物があれば、どこでも染める工夫をすることができるのだ。

日本人はタデ科の藍つまり蓼藍《たであい》、インドの人びとはマメ科の藍でインド藍、沖縄の人とか東南アジアの人はキツネノマゴ科の琉球藍《りゅうきゅうあい》、ヨーロッパの北方の人はアブラナ科の大青《たいせい》というように、さまざまな植物のなかで葉に藍の色素のあるものを使ってきた。

植物のなかに含まれる藍の色素を精製して染色する技法が広まっていくのは、藍の色素が、麻とか木綿という植物性の繊維にも、ウールとか絹といった動物性の繊維にもよく染まりつくからである。そのため藍が広い地域で普及する大きな要因となった。

いまから二千年ほど前の日本はまだ、私たちの知っているようなタデ科の藍を麻に染めることは知らず、近くに生えている山藍《やまあい》というような植物の葉を採ってきて、そのまま布に摺《す》りつけるきわめて原始的な方法で、青色を出していた。

それは、「山藍の摺衣《すりごろも》」といわれているもので、いまでも京都の石清水八幡宮《いわしみずはちまんぐう》では天皇が即位をするときに、山藍の青い葉を刈ってきて、型紙のうえから摺り込んで、白地に緑色の文様の衣裳を献上する習わしがある。

夏の日に育てた「京の水藍《みずあい》」

日本においてタデ科の藍の葉を利用して、私たちが知っているような美しい藍を染める技術を獲得したのは四、五世紀のころとされ、これも中国から伝わったといわれている。

日本にもたらされた藍染の技術は、しだいに高度化して、正倉院に伝来するいくつかの染織品のなかにもきわめて美しい澄んだ色の藍の染織品が遺されている。たとえば花鳥文の夾纈《きょうけち》染の布には藍の色がとくに美しく遺っていて、その布からみると、もうすでに完璧な藍染の技術が完成していたことがうかがえる。

蓼藍《たであい》の有名な耕作地としては、平安時代から、播州《ばんしゅう》播磨《はりま》の地が知られている。そして、もう一箇所の栽培地が都の近く洛南の地にもあった。

京都らしい景観といえば、東寺の五重塔がそのひとつにあげられよう。この東寺の伽藍の南側はかつて洛外の農作の地で、西南に向かって聞かれた地域は、鴨川や西洞院川の三角地帯として、水気の多い田圃と畑が連なる広大な農作地帯であった。ここに、芹《せり》、九条葱《くじょうねぎ》、蓼藍など、湿地帯に適した植物類が数多く育てられていた。

いまではすっかり都市化され、幹線道路が走る地域であるが、大正時代まで長く伝統的な藍の耕作がおこなわれており、水分の多い湿田で蓼藍が栽培されていたので「京の水藍」とよばれていた。

私の工房では、一年間に使う藍は四国徳島の新居修さんが吉野川で栽培され、「蒅《すくも》」にされたものを分けていただいているが、自分たちの手でわずかの量でも育ててみようと、田圃を借りて耕作している。

四月の初めに種をまいて苗を育て、五月の終わりころに本床に植えるときはあまり水を入れないで、藍の生育をまち、ときどきは雑草を刈りにいく。あるていど生長したころ、よその田は稲の苗の植え込みが終わって、水田に水を入れるようになる。そのときに、工房の藍の田圃にもわずかに水を入れておくと、雑草があまり生えないという利点があるばかりか、水をやる手間がはぶけるのである。

はじめてから四、五年になるが、毎年七月の終わりから八月になると美しい藍の葉が採れて、生葉《なまは》で藍染を試すことができる。

その方法は、朝早く刈り取ってきた葉を、手でちぎって細かく刻み、たっぷりとした水のなかに入れ、手で三十分ほど揉みながら藍の色素が出るのを待つ。そこに絹の糸、あるいは絹の布を入れて染めていくと、まるで澄んだ空の青のような藍が染まっていく。これが「生葉染」で、水以外にはわずかに米酢を入れるだけで、きわめて美しい色になる。

ただ、この方法ではなんど染めてもあまり濃い色になってくれない。しかし、夏の日に自分たちで育てた藍を染めるということは、いかにも時を得た色といってよく、その染め上がった澄んだ色は涼やかな風が吹いているようである。

なお、百五十坪ほど栽培すると、九月初めにもう一度生長する二番葉も含めてかなりの量になる。余った葉は、熱い太陽のもとで干して干藍《ほしあい》にして保存しておく。

平安時代の贅沢な藍染

平安時代に成立した『延喜式』に藍の染色法は、

深縹綾一疋。藍十圍薪六十斤。帛一疋。藍十圍薪一廿計斤。絲一絇。藍四圍。薪卅斤。貲布一端。幹藍二斗。灰一斗。薪卅斤

というように記されている。薗という文字は束ねるという意味で、これは生の藍を刈って、束ねた数量を示している。

そして、別の箇所には藍染は旧暦六月一日にはじめて八月三十日に終わると書いてある。蓼藍の葉が繁茂し、畑から持って来て染められる期間だけに染めるということであろう。ただ、それが薗とあるように生葉を束ねて染場《そめば》に持って来て、先に述べたようにちぎって染める生葉染であれば、「深縹《こきはなだ》」つまり濃い藍染の色にはならない。

濃く染めるためには生葉を水に入れ、そこでまず藍の色素をよく溶出させ、これに木灰《きばい》を加えてアルカリ性にして、還元醗酵《かんげんはっこう》をうながさなければならない。そして、「藍が建《た》つ」状態になれば濃く染めることができる。

なお『延喜式』の記載で、生の葉の薗のところにも木灰が記されていれば問題はないのであるが、これは大きな疑問点として残る。

また、「貲布一端。幹藍二斗。灰一斗。薪卅斤」とあって、貲布《さよみのぬの》、すなわち麻布は乾燥させた藍の葉を、灰を使って染めるということが記されている。

これにならった方法で私たちが採集した蓼藍の葉を干して、乾燥させたものを甕に入れ、木灰と水を入れてしばらく還元醗酵するのを待つと、表面にはきれいな藍緑色の泡が浮いてくる。これに糸や布を入れると澄んだ美しい青色に染まる。これはとても贅沢な技法で、平安朝から中世にかけての藍染とはこのような技法であったのかと感心するのである。

平安時代のこのような藍染された色彩の呼称をみると、『延喜式』では「青」とか「藍」という色は藍染したあとに黄蘗《きはだ》をかけてやや緑がかった色にしていて、藍を単独で染めたときだけ「縹《はなだ》」としている。

といっても、縹の色で澄んだ美しい色で遺っているものは少なく、室町時代、足利義満が調達したもので、現在、「熊野速玉大社《くまのはやたま》」*に所蔵されている「薄縹地小葵文袿」とか、徳川家康が着用していた「淡浅葱地葵紋花重辻が花小袖」、それに徳川の御三家だけに許された麻の上布に細やかな糊の線で防染《ぼうせん》され、藍の濃淡だけで染め上げられた夏衣裳の「茶屋辻《ちややつじ》」などを思い浮かべることができるだけである。

いっぽう、藍は身分の高い人びとの衣服だけでなく、麻などの植物繊維にもよく染まるところから、庶民の衣料にも多く染められたのである。

大阪の四天王寺《してんのうじ》*に伝えられる「扇面古写経《せんめんこしやきよう》」には、重ね着の多彩な衣裳を着た姫君とは対照的に、藍染の絞布の上着を干す庶民の女性の姿が描かれ、その本人も型染らしき藍の小袖一枚だけをはおっている姿がみられる。

さらに、平安時代に描かれた「伴大納言《ばんだいなごん》絵巻」や鎌倉時代の「春日権現霊験記《かすがごんげんれいげんき》絵巻」などの絵巻では庶民の衣裳の色は、茶か藍の麻の袖細上衣を着ていることに気づかされるはずである。

全国を制覇した「阿波の藍」

桃山時代になって、いまの徳島県の阿波《あわ》が藍の新しい産地として登場した。

四国山脈から紀伊水道に注ぐ吉野川《よしのがわ》は「四国三郎」の異名をとる暴《あば》れ川で、梅雨の間に四国山脈に降った大量の雨を集めて、徳島湾に流れて来る。その河口付近はたちまち山からの濁流によって洪水を起こし、たびたび大きな被害が出ていた。

桃山時代の天正年間に藩主となった蜂須賀家政《はちすかいえまさ》は、この吉野川の氾濫を利用してなにか藩の新しい産物ができないかと考え、それまでも蓼藍の生産がわずかにあったので、そこに眼をつけて、氾濫する川の周辺に蓼藍を植えさせた。

タデ科の藍は連作がきかない植物で、その点、上流から毎年新しい土砂が大量に運ばれて来る吉野川の河口付近は水にも強い蓼藍の生産にきわめて好適地であった。それから阿波の藍は全国的に有名になっていった。

藍が広まった背景には木綿《もめん》の普及があったことも忘れてはならない。

桃山時代の中ごろに日本に木綿の栽培方法が伝えられて、三河《みかわ》、大坂の河内《かわち》、九州の豊後《ぶんご》、筑紫《ちくし》平野などに木綿の栽培が広まっていった。

それまで木綿という繊維を知らなかった日本人にとって、柔らかくて洗濯にも耐え、安価に生産できる木綿は庶民の衣料として適しており、江戸時代になって徳川幕府の体制が整えられると、西日本の各藩は殖産《しょくさん》振興の政策として木綿の栽培と、冬の農閑期における木綿の機織《はたお》りを奨励した。それによって、冬に麻を重ね着して寒さをしのいでいた庶民も暖かな布が着られるようになり、木綿の衣類が早く普及するようになったのである。

藍は木綿や麻の植物繊維にも美しく染まるために、木綿を紡《つむ》いで糸にした地方の農民たちは、村につくった紺屋《こんや》で藍を染めるようになっていった。

そうして西日本各地の紺屋に送られたのが阿波の藍であった。徳島から瀬戸内海を西に、あるいは兵庫や大坂の港に阿波の藍が入り、大きな販路をみつけることになる。

室町時代の終わりから桃山時代にかけて、刈り取った葉を乾燥させて、そしてなんども水をかけて醱酵させ、藍を長く保存する「蒅《すくも》」という方法が完成されていた。

徳島の藍は春に種をまいて瀬戸内海の小魚など充分な肥料を与えられて、夏に青々と茂って刈り取られる。そして、細かく切って乾燥し、室《むろ》に積み上げて何度も水をかけ、堆肥《たいひ》のような状態にして、十二月の終わりに蒅という状態になって全国へ出荷される。

こうして江戸時代の終わりころまで、全国を制覇した阿波の藍は日本の藍の代名詞になった。

また、藍の普及は特色ある地方の物産の育成にも役立って、たとえば「久留米絣《くるめがすり》」「備後《びんご》絣」「出雲《いずも》の筒描き」「有松《ありまつ》、鳴海《なるみ》の絞《しぼ》り」といった木綿の糸や布を使った織物や染物の生産にも拍車がかかって、それぞれの地で華やかに藍の花が咲いていったのである。

「藍のあし」の微妙な美しさ

明治八年に政府の招きで来日したイギリスの科学者、アトキンソンは、

日本においては藍を染料となして、これを使用するのが大変多い。日本に来て全国至る所で藍色の衣裳を見る。

と書いた「藍の説」という文章を残している。つまり「ジャパン・ブルー」という言葉をあらわしたのである。

また、もう一人、小泉八雲《こいずみやくも》の名で知られるラフカディオ・ハーンは、

青い屋根の下の家も小さく、青いのれんをさげた店も小さく、青い着物を着て笑っている人も小さい。

と語って、日本人の体の小ささと、藍の色が身のまわりにたくさんあることへの驚きを示している。

このような背景には、西日本における木綿の普及と紺屋の増加、つまり徳島の藍をはじめとする藍の生産がかなり多く、一般の庶民や農民は、昼間は紺の木綿の衣服を着て、夜になると紺色の木綿布と綿の入った布団にくるまって寝ていたことがある。さらに、半纏《はんてん》や法被《はっぴ》といったような仕事着から風呂敷にいたるまで、日本人は江戸時代にかなり多くの藍染の製品を身に着けたということがわかるであろう。

ところが江戸の終わりころになって、インドでつくられるインド藍の精製されたものが輸入されるようになる。熱帯地方で育って濃く凝縮《ぎょうしゅく》された藍は、徳島の藍よりも密度が濃く、値段も安価だったために徳島の藍は打撃を受ける。同じくヨーロッパのフランス、ドイツなどでは大青《たいせい》という藍を栽培して使っていた。これは色は澄んで美しいが、寒い気候で育ったものはインド産に打ちかつことはできなかった。そうして、「インディゴブルー」は世界を征服したのである。

しかし、インド藍に対抗するように一八五〇年代、ヨーロッパでは合成藍、つまり化学的に石炭のコールタールから製造する藍が発明されて、それらが明治時代になって日本に入ってくると、より大きな打撃を受けて、徳島の藍は減産の一途《いっと》をたどるようになる。

以降、日本の藍はヨーロッパから輸入される化学藍にとって代わられて、徳島や京都でも藍の生産に携《たずさ》わる人はほとんどいない状況になる。第二次世界大戦をへて、わずかに藍は復活したが、それでも現代の衣服の生産の状況からみれば大きな需要が見込まれるわけではなく、その生産は衰退するばかりである。

ただ、天然の藍の美しさを尊ぶ人たちも近年多くなりつつ、現在、阿波では二、三軒の藍造りの家があって、吉野川の流域で阿波藍の製造を伝えておられる。私の工房ではその一軒の新居さんから藍を一年分、正月を過ぎると買い入れている。

私の工房での藍の建て方を説明してみよう。

まず乾燥させた藍の葉、あるいは蒅《すくも》を甕のなかに入れる。

ふだん時間があるときに雑木を燃やして、灰をためておく。また、高知県でカツオ節をつくっているところからクヌギの灰も分けてもらう。こうして集めておいた大量の木灰を木の筒に詰め込んでいく。その上から熱い湯を入れて、樽の下にあけた穴から液を取り出す。その木灰をくぐった液を甕のなかに入れて、蒅を練りながら溶かしていく。

つまりアルカリ性の液で藍の色素を溶出させるわけである。そこに栄養剤として酒とか麩《ふ》(小麦粉の澱粉分)を入れて醱酵をうながすと、藍はだんだんと酸素を放出して、還元した状態(酸欠状態)になってくる。そして甕の上にプクプクと泡をつくり、表面が油ぎったような赤みをおびた藍色になって膜が張ると、「藍が建《た》った」証拠である。

「藍が建った」状態

冬だと一週間から十日、夏の暑い時期だと四日間ぐらいで藍が建つ。藍はどちらかというと気温が高く（ほぼ十八度から二十度以上）なったときに醱酵がうながされて建ちやすくなる。気温が下がる冬には、甕のまわりでオガ屑を燃やしながら、温度を上げて十八度以上にして醱酵をうながす。藍の泡が建つことを「藍の花が咲く」といい、染めてよいという合図である。

藍は布や糸に染まりついて、それを空気中や清水《せいすい》におくと、酸素と結合して青い色になる。こうした技法は世界中どこでも同じようである。木灰だけで建てる場合と木灰と石灰《せっかい》とで建てる場合との技法がわずかに違う程度である。私は木灰だけで建てたほうが藍の色がより澄んだように思えるので、現在はそうしている。

藍の甕のなかに布や糸を浸けて染め上げると、瞬時に空気中、あるいは洗っている水のなかの酸素と結合して藍は緑から美しい藍色に変わるのであるが、酸化する途中に自然な色の差を引き起こす。藍の絣《かすり》とか絞《しぼ》り染の浴衣などの古い物をみると、その括《くく》ったり絞ったりした周囲がわずかに濃くなっていることがある。

日本人はそれを「藍のあし」とよんで、その微妙な美しさを喜ぶのである。

藍染の仕事はまさに夏のものであるが、その染めた色も暑い夏に涼をはこぶ色となるのである。

「熊野速玉大社」　熊野本宮大社、熊野那智大社とともに熊野三山と称される。社伝では約二千年前に、熊野三所権現が最初に降臨した神倉山から現在地に遷り、これより神倉神社の「旧宮」に対して「新宮」と号したという。中世以降、熊野信仰の興隆にともない天皇や公卿、武将、また庶民信仰へと発展し「伊勢へ七度、熊野に三度」と称された。新宮市新宮1〈JR新宮駅下車〉

「四天王寺」　寺伝によると、推古天皇元年（五九三）、物部守屋と蘇我馬子の合戦で蘇我氏の形成不利をみて聖徳太子が四天王像を彫り、勝利したら寺院を建立すると誓い、六二三年ごろまでに造立されたとする。南から北へ向かって中門、五重塔、金堂、講堂を一直線に並べ、それを回廊が囲む形式の四天王寺式伽藍配置で知られる。現在の伽藍は昭和二十年の大阪大空襲後の再建。大阪市天王寺区四天王寺1-11-18〈JR・地下鉄四天王寺駅下車〉

八月……絹の発見と日本への渡来を考える

七夕と絹とのゆかしい関係

七月七日は七夕の節句。いまは新暦でおこなわれるので、京都はちょうど梅雨の明けるころで、暑い盛りである。

秋風の吹きにし日よりひさかたの天《あま》のかはらに立たぬ日はなし

——秋の風が吹いてきた日からずっと天の河原に立っていて、あなたが来るのを持ちこがれているのです——と『古今和歌集』に詠われているように、七夕は旧暦の七月七日、新暦でいうと八月五日前後の秋の初めにおこなわれてきた行事である。

京都御所の北側、今出川《いまでがわ》通と烏丸《からすま》通が交差するすぐ東、同志社大学の校舎を背にして冷泉《れいぜい》家の佇まいがみえる。

冷泉家は鎌倉時代の歌聖と称された藤原俊成《しゅんぜい》、定家《ていか》父子を祖にもち、八百年間つづいてきた公家で、いまも古い公家邸宅をそのままとどめているだけでなく、正月の歌会にはじまる年中行事が古式ゆかしく伝えられている和歌の家である。

そのなかの七夕の行事を冷泉家のご厚意で拝見する機会に恵まれた。

南の庭に「星の座」の祭壇が設けられ、そのまわりに、九本の灯台《とうだい》がおかれ、琵琶《びわ》と琴、瓜、茄子、挑、梨、空《から》の杯、ささげ豆、油で揚げた空豆、蒸し鮑《あわび》、鯛の皿、それぞれ二組が供えられる。

その背景には笹と笹の間に糸が張られて、五色の糸と梶《かじ》の葉、左手には衣桁《いこう》に五色の布と梶の葉をかけ、さらに角盥《つのだらい》に梶の葉が浮かび、秋の七草が飾られ、歌を書く白い短冊《たんざく》などがおかれている。まさに古式にのっとった七夕の夜のしつらえである。

このような七夕の習わしは日本においては飛鳥時代にはじまっていたといわれるが、その源は中国の「乞巧奠《きこうでん》」にあって、絹織物の発生と深くかかわっている。七夕は「棚機《たなばた》」とも記すように、織物に秀でた織姫の伝説にもとづいた五節句《ごせっく》の一つである。

萌黄色、濃緑色、黄色、藍色の濃淡と、臙脂色、茜色の濃淡など八色に染められた細い糸が機に張られている。

その経糸《たていと》は一本一本規則正しく、まるで音符が書かれる前の五線譜を並べたようで、その配列の美しさにみとれていると、ガタンというおもい音が響く。足で踏まれて経糸が開口したのである。

大きな機の三メートルほどの高さから「ハイ」という掛け声がかかると、それまで整然と並んでいた糸が上下し、さらに引っ張られて踊るように動く。その瞬間、杼《ひ》に巻かれた緯糸《よこいと》が経糸の間をするりと抜ける。筬《おさ》がトンと静かに打たれたかと思うと、つぎは堅い木を削ってつくられた刀杼《とうひ》が織手の腰に向かうように強く打ち込まれる。これは私の工房の機場《はたば》での仕事風景である。一台の機に四人が掛かりきりである。

中国や日本などで、二千年前から、つい百五十年ほど前の明治初めまであたり前のように使われてきた「空引機《そらびきばた》」である。フランスから伝えられた「ジャカード」という機に押されてだんだんと姿を消してしまったものを工房で再現したのである。経錦《たてにしき》、羅《ら》といった奈良時代におこなわれ、それ以後はもう絶えてしまったような困難な織物技法を復元するためにあらたに組み立てたのだ。

高い機の上部に人が乗って経糸を引き上げる、まるで空の上にいるようなところから、空引機という名称がつけられた。モーターによる自動織機であれば数分に何メートルも織られる。それからみれば一日数センチしか織れない空引機の仕事は遅くてまどろっこしい。

しかし、ぜひとも昔どおりの機で織りたいという意をくんで、機の設計と組立をして下さったのは西陣の紋紙師《もんがみし》の吉田頼修さん。このほかたくさんの方々のご協力で二度造り替えてようやく動き出したのである。

美しき絹、その誕生の伝説

私自身が染織の仕事に携《たずさ》わるようになって考えたことは、中国の絹織物の長い歴史のなかでも、とりわけシルクロードの交流がさかんになった約二千年前から千二百年前のあいだに織られ染められた染織品の数々が、芸術的にも技術的にも最高潮ではなかったかということである。染織の仕事に携わるなら、そこを目標にして進みたい。たとえ到達できなくとも、めざすところはその時代の染織品である。そう考えるようになった。

世界の歴史のなかで多彩な染織品が生まれてきて、いまも私たちを魅了するものは数々あるが、中国で発明された絹が紫草《しこん》の根や茜《あかね》の根、紅花や藍などで染められ、織られた染織品がなによりも美しい、と考えている。絹と鮮やかな植物の染料は、みごとな色彩の調和をしめすのである。

四千数百年前の中国に黄帝《こうてい》という王がいた。黄帝は寸法、体積、重量を決める度量衡《どりょうこう》の単位を決めたり、音楽の普及に努めたり、さらには衣服や農業にいたる日常のものまで中国の文化水

山繭とその緑がかった絹糸

準を高めたとして、伝説的な崇拝をうけている王である。

その黄帝に嫘祖《るいそ》という妃がいて、あるとき、山の樹林に蛾《が》が繭《まゆ》を養っているのをみて、家に持ち帰ってもて遊んでいるうちに、誤って湯のなかに落としてしまった。熱くて手を入れられなかったので箸《はし》で繭を拾い上げようとしたところ、一本の糸が引っ掛かって、艶やかな光沢《こうたく》の糸がするすると出てきた。その糸は長く、輝くように美しかった。これが絹の誕生の伝説である。

絹を発見した中国の人びとは、はじめは野生の繭をそのまま採ってきて糸にしていた。野生の蚕はいまも山繭《やままゆ》（天蚕《てんさん》）とか柞蚕《さくさん》とかと称されているものがあるが、それらの糸は緑とか薄茶の自然色をしている。

やがて中国では家のなかで蚕に桑《くわ》の葉を与えて飼育するようになって、それらを人工的に改良して糸も純白の柔らかな絹糸を生み出すようになった。野蚕《やさん》から家蚕《かさん》への改良がうまくいって、人間の衣料をゆたかにしたのである。

絹はシルクロードを西へ

絹は中国が発明した偉大な繊維であるといわれるのは、こうした自然界の営みをうまく利用して、人間の衣服に応用するようにしたからである。古代中国の人びとは絹の生産を文明の発達とともに育み、大切にしていった。

蚕を飼い、美しい糸をつくり、草の根や樹皮から採った染料で色をつける。機にかけ文様をあらわして麗《うるわ》しい布に仕上げる。中国は染織技術においても世界の魁《さきがけ》となっていった。

とりわけ紀元前三世紀に全土を統一した秦《しん》の始皇帝《しこうてい》の時代より、よりめざましく染織技術が高度化したとされている。中国はいつの時代も北方と西方の周辺に住む匈奴《きょうど》などの遊牧系の人びとと中央の漢民族との戦いがあり、それが歴史を変え、歴史をつくってきたといわれるが、始皇帝は万里《ばんり》の長城《ちようじよう》を築いて、匈奴との領域に一線《いっせん》を画《かく》したのである。

にもかかわらず、漢の時代になるとふたたび匈奴が勢いをまし、侵略をはじめたので、双方で婚姻するなどの融和対策がとられた。物を交換するさいに匈奴が要求した産物のなかでは絹がもっとも多く、かなり大量に渡ったといわれる。

彼らは毎日のように羊を追って生活している。当然のこと羊毛を主な衣料としていたわけで、絹が羊毛の文化圏へもたらされると、その糸の細さ、艶やかさ、華やかさに眼をみはったのであろう。中国では匈奴への政治的な献上品として、絹織物の需要が高まり、さらに中国国内で官民ともに絹を嗜好《しこう》したために、急速な技術の発展がうながされ増産の時代へとはいっていったのである。

他方、地中海の文明をになっていたマケドニアのアレキサンダー大王は東征し、ついにはペルシャ・アケメネス朝から西インドにいたる広範囲なヘレニズムの世界を築いて、ユーラシア大陸の東にある中国と地中海とを結ぶ道を開く大きなきっかけをつくった。

その後、遊牧民系のイラン人はパルティア王国を建国し、その勢力を拡大し現在のシリアをも自らの領土とした。ペルシャを中心に西はローマ帝国、東方には大月氏《だいげつし》、そしてその向こうにはつねに中国をおびやかす匈奴、絹はこのような国家の連鎖《れんさ》によってだんだんと西方へ運ばれていった。

当時のローマの人びとは絹のことを「セリカ」とよび、この艶やかな布が東の方の国「セレス」、つまり中国で産するということを知り、尊いものとして憧《あこが》れていた。流砂《りゅうさ》の道を西へ、万年雪をいただく三千メートルの山を越え、シルクロードの厳しい自然の道と地中海を渡って遠い道のりを運ばれてきたのである。

七夕の物語と乞巧奠の儀式

中国の絹糸の生産が盛んになるとともに、その技術の改良はめざましく、王や王女たちは競って華麗な衣裳を身に纏《まと》った。そのうち中国では人間の生活の基本となる衣、食、住の仕事のうち「衣」、絹糸の生産と織物の製作を担《にな》うのは女性、「食」の根源となる農業は男性の仕事というように役割の分担が生まれた。

旧暦の七月七日、一年に一度、天の川を渡って牽牛《けんぎゅう》星が織女《おりひめ》（姫）星に逢うという伝説ができたのもこのころといわれる。

天の川の東に織女という女性がいた。彼女は天帝の娘であったが、機織の仕事に精を出して、千変万化雲のような文様の美しい天衣を織り出していた。天帝は娘が仕事に熱中していつまでも独身であることを哀れに思って、天の川の西にいる牽牛と結婚させた。ところが、嫁にいってから彼女は機織の仕事をまったくやめてしまった。天帝はそうした娘に腹を立てて、天の川の東側に戻らせてしまった。そして毎年一度だけ、七月七日の夜に、天の川を渡って牽牛と逢わせることにしたのである。

織姫に象徴される女性は蚕《かいこ》を養って糸をつくり、機にかけて布に織り上げ、それらを縫《ぬ》って衣裳とする役割をになう。牽牛つまり男性は農業に従事して食糧生産に精を出すという分業が定められ、棚機（たなつはた）の日が七月七日の七夕伝説へとなっていった。

七月七日には女性は五色の織布に色糸を飾り、庭の真中に蓙《ござ》を敷いて机を置き、糸を七本の針に通しておき、酒や果物を並べて、天の川に向かって、機の技や針を使う裁縫が上手になるように祈る。「乞巧奠」の儀式が成立したのである。

この習わしは中国における絹織物の発展にともなって民族の行事として定着するとともに、養蚕と機織の技術が伝播《でんぱ》した地域へも伝えられていった。

中国は、西方の国々、とりわけ匈奴のように、すきあらば中国を侵略し、漢民族を征服しようとする遊牧系の人びとにはいつも警戒を怠《おこた》らず、その特産である絹の生産の技法が伝わらないようにひたすら秘密にしていたが、日本や朝鮮半島の国々に対しては属国と判断していたのか、その技術をむしろ教えようとした。

日本は、五世紀より高度な絹と染織の技術を会得《えとく》しようとした動きがみられる。前にも記したが、『日本書紀』の応神天皇三十七年につぎのような記事がある。

　春二月の戊午の朔に、阿知使主、都加使主を呉《ご》に遣《つか》はして、縫工女を求めしむ。呉王、工女の兄媛《えひめ》・弟媛《おとひめ》・呉織《くれおと》・穴織《あなおと》の四婦女を与えぬ。

また、雄略《ゆうりやく》天皇は渡来人である秦一族に養蚕の技術を全国に広めさせたが、同じ『日本書紀』には応神天皇と同じく呉の国へ使いを送り、染織の技術者の派遣を要請したとある。呉の国はそれに応え、職人を送ることを決め、その一団が住吉津《すみのえのつ》（大阪）へ着いたという記事もみえる。こうした高度な染織技工師の渡来は日本の染織の本格的な始動《しどう》となったと考えられ、これと同じく七夕の行事も伝えられたのであろう。現在も宮中において、五月には天皇陛下のお田植式がおこなわれ、皇后が皇居の紅葉山《もみじやま》で桑を育てて、養蚕し、糸を採る儀式がおこなわれているが、こうした習わしは雄略天皇のころにすでにあったと考えられる。

五世紀から六世紀にかけて日本へ渡来した絹と植物染料による染色の技術は、飛鳥《あすか》時代、白《はく》鳳《ほう》・天平《てんぴょう》時代へと、日本がシルクロードの壮大な交流の東の終着駅となって華やかに国際舞台へと登場するにいたって、隋あるいは唐の帝国のそれとあまり変わらないものに向上していった。

そうしたことは、千二百年あまりの年月をへて現在も法隆寺、東大寺正倉院に伝えられる宝物の数々をみても明らかである。

正倉院宝物のなかに「黄縷《きのる》」という黄色に染められた三本の絹糸を撚《よ》り合わせて、グルグルと巻き合わせた紐《ひも》がある。さらに、どうみても実用的とは思われない二十から三十五センチメートルほどの長さの銅の針や鉄の針も数本遺されており、これらはいずれも乞巧奠の儀式用のものとおもわれ、当時の宮中においてもこの習わしが定着していたことがわかる。

笹竹に五色の短冊を飾る

『万葉集』にはおよそ百首近い七夕の歌があって、古くからあった日本の機織女の伝承と相まって、一般の人びとにも浸透していたことがうかがい知れる。

平安時代になると五節句（供）、つまり人日《じんじつ》（正月七日）、上巳《じょうし》（挑の節句・三月三日）、端午《たんご》（五月五日）、七夕（七月七日）、重陽《ちょうよう》（九月九日）は宮中の数ある年中行事のうちでもとりわけ重要とされていった。

中国においても七夕の節句は、宮廷だけでなく広く庶民にまで受け入れられるようになっていったが、明の時代になってからは織物の技や裁縫の腕だけでなく、学問の向上、書道の上達、また恋愛の成就《じょうじゅ》といった、いかにも庶民的な願いもこめられるようになって、笹竹には五色の短冊もさげられ、それに歌やその願いを書くようになった。

日本へもこうした風習が伝わり、江戸幕府は、これを年中行事にとり入れて普及させようとしたために、武家の間にも広まっていき、ひいては庶民のものとなっていった。

現代でも七夕の飾りがなされているようで、近年のものは化学染料で色づけされた色紙が主流を占めているが、ほんらい、笹と笹の間に掛けられる糸も、梶の葉にいっしょに掛けられる五色の布も、中国の古代に考え出された五行思想《ごぎょうしそう》に基づいて、木＝青、火＝赤、土＝黄、金＝白、水＝黒とすべきであろう。

私の工房では、この五行に加えて、最高位の色となった紫を紫草の根で染めて六彩にして、青は蓼藍《たてあい》、赤は茜、黄色は槐《えんじゅ》のつぼみ、黒は檳榔樹《びんろうじゅ》をお歯黒鉄《はぐろてつ》で発色させるという植物染料の伝統的手法で染めた布と糸を飾ることにしている。

九月……青柿《あおがき》の実るころに刈安《かりやす》の黄を染めて

光を受けて育つ黄の色素

八月も中旬を過ぎると秋らしい風が吹いてきて、盆地気候の暑い京都も少しはしのぎやすくなる。十六日の大文字《だいもんじ》の送《おく》り火《び》が終わると、それまでなんとなく暑さにまかせてだらだらとしていた気分を一掃しなくてはと思う。

このころ、気になるのが滋賀県伊吹山《いぶきやま》にある「刈安《かりやす》」という植物のことである。

刈安はおもに山地に自生する宿根草《しゅっこんそう》で、美しい黄色が得られるところから、日本では古くから染料として用いられてきた。正倉院文書には「深刈安紙、浅刈安紙」という記述があって、これで染めた和紙がかなり多く収蔵されていたことが記されている。また、『延喜式』にも、深黄《ふかきき》色を染めるのには刈安草が必要なことが説かれている。

黄を染める染料にはこのほか黄蘗《きはだ》・支子《くちなし》・櫨《はぜ》などが古くから使われていたが、深く濃く、かつ美しい黄を出すには刈安が多く使われたようである。

また、刈安とほぼ同じ系統で、古代から今日まで染料として知られるものに、刈安とよく似ている「こぶな草《ぐさ》（小鮒草）」がある。これは別名「八丈刈安《はちじょうかりやす》」ともよばれて、東京都の洋上、八

新幹線の車窓から見た伊吹山

丈島特産の黄八丈《きはちじょう》の染料である。ついで、沖縄で防風、防火林として植えられている「福木《ふくぎ》」がある。樹の皮に色素があって、有名な紅型《びんがた》の黄色はこれで染められている。

さらに、夏の初めに赤い実をつける「楊梅《やまもも》」の樹皮も、この系統の染料として民間でも広く使われてきた。くわえて、中国では古くから「槐の花《えんじゅ》」のつぼみを同じく黄色の染料として珍重してきた。

こうした植物がもつ色素は「フラボン」といわれるもので、私たちは黄色の染料として、あるいは口臭などを消す漢方薬として利用してきたが、植物にとっては、太陽の強い紫外線からみずからを守る役目を果たしている。というのは、植物の生育には太陽の光は欠くべからざるものだが、それがまた強すぎるのもよくない。そのようなときはこのフラボンが過度な紫外線を避ける働きをするのである。

伊吹山の刈安が昔から染料としてよいのは、この山の自然景観をみるとわかる。東海道新幹線で東京へ向かうおりに、米原《まいばら》駅を通過するとすぐ左手に、その雄大な伊吹山の姿が眼に入ってくる。標高約千三百メートル、石灰岩の岩肌があらわな山で、山頂の部分はやや平らになっている。山裾には深い森があるが、中腹より上に登ると樹林による日陰がなく、草地であって太陽が燦々《さんさん》と照りつける。

かつて織田信長がこの山容に眼をつけて、ポルトガルからやってきた医薬の専門家に命じて薬草園を造らせたという。いまもその名残があって、ここで採集される薬草類の数はかなり多く、なかでも蓬《よもぎ》は「伊吹艾《いぶきよもぎ》」として、山の麓を通っている中山道の柏原宿の名物として売られている。

刈安もこうした伊吹山の形状によって強い紫外線を受けるため、おのずからフラボンが多くなり、黄色の色素をたっぷり含むことから、伊吹刈安が染料として知られるようになっていったのである。

山から下りた緑が黄に変わる

ある夏の終わり、刈安草の様子をたしかめたくて二度ほど伊吹山へ登った。その年の残暑は例年以上で、京都の街中では、会う人ごとに暑さを嘆《なげ》くばかりであったけれど、米原駅に降りると琵琶湖からの風がすがすがしく吹いていた。

伊吹山の山頂付近に茂る刈安

伊吹山への登山には米原から東海道線を東へ大垣方面の列車に乗って近江長岡、あるいは関ケ原の駅で降りるのが通常である。そのときは、一時間に一本しかない各駅停車の時間がうまく合わなかったので、タクシーでゴンドラの駅へ向かうことにした。鰐口という村にはいると眼前に伊吹山の荒々しい姿が追ってきた。中腹までは樹々の緑が美しいが、その上部は岩肌が削られた姿をみせ、頂上には丈の低い草原がつづいている。

三合目でゴンドラを降りると高原ホテルがあって、その前からさらに高い五合目へ登るスキーリフトがのびている。ホテルで森壽郎さんという、この近くで「百万堂」という漢方薬をつくっておられる方に会ってご案内を願うことにした。

このあたり一帯は、さきにふれた信長の薬草園のあとで、かつては春と秋には一面に美しい野の花が咲き乱れる畑であったが、乗り物が便利になって登山者の数が増えたことで心ない人たちが踏み入るようになった。それに芒《すすき》の繁殖力が強いので、ほかの植物を圧倒してしまい、荒れ放題になったという。

いまは、森さんをはじめ関係者が大切な場所にはロープを張って野草、薬草の保護をするようになり、その努力が実って、ふたたび昔の姿によみがえりつつある。

森さんは私たちに野草を踏まないよう注意しながら道案内をして下さった。アザミ、ノダケ、ワレモコウ、女郎花《おみなえし》など秋の野草が可憐に咲いている。めざす刈安は、大きな芒とよく似ていて、見分けがつきにくいが、穂が三本しかなく、いくぶん小ぶりである。やはり芒が強くて、放っておくと負けてしまうという。森さんは、私のような植物染をしているもののために、芒を刈り除いて、刈安がすくすくと育つようにして下さっているのである。

秋の涼やかな風が吹いていて、歩いていてもとても気持ちがいい。だが、高原の日差しはきつく、日陰はほとんどなく、この紫外線が刈安の黄色を強くするのだと納得をした。

十月になると、森さんから工房へ刈り取って干した刈安が届いた。まだ山にあるばかりのように緑色がよく残っていて、これが染めた糸や布に黄色を与えてくれるのかと疑うほど美しい。

石清水祭の御花神饌《おはなしんせん》をになう

京都盆地には、北から南へ流れる鴨川と桂川、東からは宇治川、そして南からは木津川と大きな川が流れている。その四つの河川は天王山《てんのうざん》の麓、山崎で合流して、淀川と名を変えて大阪湾へ向かっていく。

その合流地点の南の岸には男山《おとこやま》といわれる小高い山があって、山頂には「石清水八幡宮社《いわしみずはちまんぐうしゃ》」*がある。

同社は貞観《じょうがん》元年（八五九）に奈良大安寺《だいあんじ》の僧侶であった行教《ぎょうきょう》の奏請《そうせい》により、九州宇佐《うさ》八幡宮に準じて神殿を建てたのがそのはじまりとされている。創建ののちまもなく朝廷から崇敬され、上賀茂、下鴨、松尾、春日などの古い神社と同じような扱いを受けるようになった。

現在、九月十五日におこなわれる本祭の石清水祭は、天暦《てんりやく》二年（九四八）に天皇の命令によっておこなわれる勅祭《ちよくさい》となり、旧暦では八月十五日におこなわれていた。もともとは石清水放生会《ほうじようえ》といわれ、八幡の大神が男山の裾を流れる川に立って、生きている鳥魚を解き放つという放生会として、勅祭となるおよそ八十年前にはじめられたといわれる。

私の工房では、この祭礼に供えられる「御花神饌」の造り花を作製していて、そのため祭礼に友人たちといっしょに参拝に行くことが多い。

十五日の午前二時に本殿の前につくと、すでに神職が本殿の内部にはいっており、三座の御神《ごしん》霊《れい》を遷《うつ》す儀式がおこなわれており、それらの先を行く行列は準備を整えて参道に待機している。

やがて御神霊の乗る三基の鳳輦《ほうれん》（神輿の原型とされる）が神職によって担《かつ》がれて出てくる。三時ころには男山の頂上の本宮にはすでに五百人近い神人を従えての長い行列が整っていて、山をめぐるゆるやかな階段を松明《たいまつ》と提灯の灯《あか》り、そして秋の澄んだ月の光に照らされながら下って行くのである。

平坦となる山の麓には絹屋《きぬや》と称される四本の太い立柱のある建物が、この日のためにしつらえられて、名前のとおり純白の絹の幕が張られ、清浄な雰囲気がかもしだされている。そのなかに三基の鳳輦は鎮座《ちんざ》する。

やがて巫女《みこ》による里神楽《さとかぐら》が奏《かな》でられ、神職の拝礼、太平楽《たいへいらく》が奉奏される。ここで天皇よりの勅使が出迎えて、これからが朝廷が執《と》りおこなう官祭《かんさい》となって、御神霊の乗った鳳輦は頓宮《とんぐう》へ導き入れられる。

四方を土塀で囲まれた頓宮の内部にはいると、白砂が敷かれ、篝火《かがりび》が焚かれて、いかにも宮中における祭礼の雰囲気がただよっていて、思わず息をのむようなおごそかさがある。御神前での儀式には、まず鳥魚、野菜などが供えられる。さらに和紙でつくった十二カ月の四季の花が調えられて供えられる。

この「造り花」は、平成十年に石清水八幡宮より製作を依頼されてから毎年奉納している。八幡宮には江戸文化年間の古文書があって、それに準じて復元する。絹、和紙、折板などの素材をすべて植物染料で彩り、十二カ月それぞれの季節にふさわしい草木花をつくり、檜《ひのき》の台に飾るのである。

なお、神にささげるものであるから、毎年新しくつくることになっていて、工房ではその年の二月から染色の準備にかかる。

南天、水仙、椿、梅、竹、桜、松に藤、牡丹、杜若、橘、菊、紅葉などとともに、放生会であるから季節に合った動物も添えて、あたかも各月のさかりの植物が一堂に会するように飾るのである。

やがて天皇陛下が国家の繁栄、国民の安泰、世界平和を祈願した御祭文が奏上されると、宮司によって御神前に納められる。

この天皇みずからが記されるという御祭文の料紙《りょうし》は雁皮《がんぴ》という植物の繊維で漉いた上質の鳥《と》の子《こ》紙である。色は黄に染められている。ちなみに、伊勢神宮のそれは縹《はなだ》、上賀茂・下鴨神社は紅《べに》、春日大社は石清水同じと黄というように決められているという。

『延喜式』にも紙花用の和紙を染める紅花、支子、藍などが記されており、こうした祭祀にも華やかな染料紙が使われたのであろう。

それにしても平安時代からの古式ゆかしい石清水八幡宮の御祭文の紙が、刈安の刈り入れに合わせて黄であることが、単なる偶然ではあろうが、時に合いてうれしく感じられた。

青柿の実から柿渋《かきしぶ》の色へ

男山の石清水八幡宮の下流で合流する四つの河川のうち、木津川はこの男山の山裾より南東に向かって川上となる。三重県の鈴鹿山脈に源を発していて、伊賀上野《いがうえの》市から笠置《かさぎ》町へと奈良県と京都府との県境を流れている。加茂町、木津町という南山城《みなみやましろ》の平野部に入ると川幅が広くなり、ゆるやかな流れとなるが、上流では花崗岩地帯を流れて白砂を運ぶため、川の両岸には砂が堆積している。それが美しく、浅瀬をさざ波をたてて光るように流れていく。古く泉川《いずみがわ》とよばれるゆえんである。

大阪湾から淀川をさかのぼって木津の地へと、平城京の造営や東大寺の建立のおりには木材が運ばれた。その木津川より北、琵琶湖より宇治を通って京都市の南を横切る宇治川との間は、南山城とよばれる地域である。昔から宇治茶の産地で木津、加茂、笠置、和束《わつか》、宇治田原《うじたわら》と丘陵地帯が連なり、ひなびた農村風景がつづく一帯である。このあたりには昔から茶畑のまわりに柿の木が多く植えられていて、秋になると実をつける。

柿は万葉の時代から日本人になじみの深い果実で、『延喜式』にも熟した柿を菓子といっしょに並べることが記されている。

実のなかにはタンニン酸が大量に含まれていて、甘くなったものを食用にするだけでなく、青い実のものを搾《しぼ》って、ジュースのような液にして貯蔵すれば、三カ月ほどたつと、醗酵して透明な茶色になっていく。それをさらに二年間ほど貯蔵しておくと色も濃くなり、ある程度までいくと、そこで止まって安定した状態になる。

この「柿渋《かきしぶ》」は日本では古くから塗料にも染物にも使われてきた。

木材に塗ると自然な茶色になるうえ膜面が張ったようになって防水の役目をする。かつて日本酒の製造では、厚い木綿の布に塗って袋状にしたものを酒袋《さかぶくろ》と称し、白いにごりのある酒（醪《もろみ》）

を絞って澄んだ清酒にする工程に使われていた。京都伏見の酒造所では冬になると酒袋を川で洗って干す風景がよくみられたが、いまでは、化学繊維のフィルターを使っているそうで、柿渋染はバッグや財布などの袋物に使われているのをみるにとどまっている。

柿渋は和紙に塗られてその防水性を高めるとともに、縞《しま》や格子《こうし》文様に刷毛《はけ》で引く「しけ刷毛」といわれるものもあり、団扇や美術品を入れてしまっておく桐箱の包装にも多くみられた。

また、紙を揉んで柔らかくして衣料とする紙衣《かみこ》にも塗られた例がある。

それは、桃山時代の武将上杉謙信が使っていた。謙信は武将のなかでもとりわけおシャレだったようで、さまざまな素材、技法による相当の数の陣羽織、胴服、小袖などが遺っている。木綿の羽織の襟だけに辻が花を用いたもの、当時中国から輸入された金襴《きんらん》・緞子《どんす》をパッチワークのように切り継いだ胴服、スペイン船が運んできた真赤に染めた羅紗《らしや》の陣羽織など、これが男性の衣裳かと思うようなきらびやかな衣裳をたくさん愛用していたようである。

そのなかに茶色の地味にみえる柿渋染の「紙衣陣羽織」がある。これも重要文化財に指定されている名品であるが、よく揉み込んだ紙衣に柿渋を塗り、それを中国からの紫色の絹地の銀襴《ぎんらん》で縁どりをして、袖のない陣羽織に仕立て上げている。数ある豪華な衣裳のなかにあって渋い色ではあるが、謙信の衣裳の美に対する感性がみてとれる優品である。

団十郎茶《だんじゆうろうちや》と柿渋との因縁

柿渋は身分の高い武将のものから、江戸時代には庶民の道中合羽《どうちゆうがつぱ》などの紙衣を染めたものが数多く生産されていた。安価でだれにでも簡単に塗ることができるので、広く用いられたのである。

しかし、近ごろはその需要が低くなって、南山城はこの柿渋を製造する地域として長い伝統を培《つちか》ってきたが、近年では木津町、加茂町、和束町、宇治田原町にそれぞれ一軒ずつを残すだけとなった。

九月初めに木津町にある三桝嘉七商店を訪ねた。

その工場の周囲には渋柿の青い実が袋づめにされてうず高く積まれていて、一年でもっとも忙しい時期のようであった。この地方の渋柿はおもに天山という品種で、小粒ではあるがしっかりとした形で、実は熟す前の青い美しい色であった。

作業がはじまると、まず袋から出されて、水洗いの場所へどんどんと放り込まれていく。きれいに洗われた柿は砕かれて細かくなったところで圧縮され、ベルトコンベアーで運ばれて搾られる。そして濃い緑色に少し辛子《からし》色をたしたような色の液となって出てくる。

この液は二年間という長い歳月を待って醱酵、熟成してようやく柿渋液となって市場へ出回る。ただ、独特の臭いを持っているのでいやがられる面もあって、三桝の工場では少し温度の高い室に入れることによって重合を早め、臭いがほとんどないようにした新製品も造っている。

これまでは化学的に合成したペンキ塗料が広まるばかりであったが、自然が育む柿渋のものが見直されて、需要も少しずつ増えているという。また高血圧や酒の悪酔《わるよい》にも効果があるということで医薬品としても見直されているという。

ところで、江戸時代の歌舞伎役者、市川団十郎が演じた歌舞伎十八番の「暫《しばらく》」では、三つの桝を重ね合わせた文様を白であらわして、柿色の地色の素襖《すおう》を着て登場する。

三桝の文様は市川家の家紋になり、この衣裳の柿色は団十郎茶といわれて、その縁《ゆかり》の色とされている。これが江戸時代には柿渋で染めたという説がある。

享保《きょうほう》年間（一七一六〜三六）に出版された『国花万宝日本居家秘用』という日常の家屋、衣服、食べ物などについて記した書物の一部に「渋染の法」というのが記されている。

澁染の法　生澁一升に水九升入れ。たらひにてよく和合せ。生布にても晒布にても。先水にて糊氣をおとし右の澁水へつけ。よくもみ合せ竿に棹にかけ。その下に澁水の人たるたらひを置て。布をしぼらず干して。幾度も澁水の盡るまで染てほすべし。澁色むらなくわたりてよき色に染る。

とあり、このような渋による染色がかなり一般におこなわれていたことがわかる。

江戸時代の団十郎茶の色が、柿の実の熟した赤と黄が混ざったような茶色か、柿渋で染められた茶色かを判定するすべはないが、青柿の実るころに訪ねた木津町の柿渋製造の旧家が、「三桝」という家でそれを屋号にも使っており、市川団十郎家の家紋となっている「三桝」と同じなのは、なにかの因縁かと思ったりした。

「石清水八幡宮社」　貞観元年（八五九）奈良大安寺の行教が宇佐《うさ》八幡宮に参籠したさい、「我を都近くに遷して国家鎮護にあたらせよ」という神託をえて清和天皇に奏上、清和帝は標高一四二・五メートルの男山に六宇の神殿を造営して、翌年に宇佐八幡神を勧請したと伝わる。神功皇后の新羅攻略のさい八幡神が助力した伝説から武家の信仰があつく、足利将軍や織田信長、豊臣秀吉、歴代の徳川将軍も多く寄進して豪壮な社殿となった。八幡市八幡高坊30〈京阪八幡市駅から男山ケーブルで山頂下車〉

色の歳時記

【十月から十二月】

菊と茜　飛鳥の色　白い色

赤糸威鎧兜　武蔵御嶽神社
大袖の色の薄いところは後補した化学染料が褪色したもの。往時の茜色はまだしっかり色を保っている［十月］

茜と山櫨

茜はアカネという名のごとく根に赤の色素がある（写真上）。山櫨は樹の中に黄の染材をもつ［十月］

黄櫨染
古様な文様を織りこんで、天子の色でしかも禁色である黄櫨染をそめた［十月］

夾纈の復元
たいへん困難な古代の染色法である夾纈（板締）を用いて工房で「花樹双鳥文様」を復元した［十月］

菊の被せ綿
菊には不老長寿の信仰があり、古来、王朝人は色と香を綿に移して愛でていた［十一月］

東大寺大仏殿の裏
樹間のなかの草地に大講堂跡の礎石が残っている。静かな空間である［十二月］

春日大社の若宮
「おん祭」の舞台となる若宮は、大社から離れて静寂の中に佇む［十二月］

蜀江錦

法隆寺裂のひとつとしていまだに鮮やかな

赤を伝える蜀江錦［十一月］

太子間道
間は混じる、道は縞とか筋の意。古に渡来した織物だが、また鮮烈な色がのこる［十一月］

細男の舞踊
舞踊の原初形態を示す「細男」のごく静かな所作と清浄な白の衣裳「おん祭」のクライマックス［十二月］

十月……菊花と天子の色と紅葉の色

色と香を愛す菊花の宴

秋色《しゅうしょく》という季語がある。立秋を過ぎたあたりから、日ごと冷たさをましてくる風によって草木の彩りが移りゆくさま（つまり、秋のけしき、秋の気配）をいう。

琵琶湖の南端、瀬田《せた》に源を発して、山間のいくつかの谷をぬって、宇治の街に出て、伏見へと流れる宇治川。私はそのほとりで幼年時代を過ごし、いまもその近くに染色の工房を持っている。私は毎日、宇治川にかかる観月橋《かんげつきょう》を南に渡って工房へ向かう。この橋は豊臣秀吉が伏見城を築いたころ、このあたりから眺める月の姿があまりに美しいので月見をしたところからその名前がつけられたという。

宇治川にはかつて秀吉が城を建設するさいに、外堀にするために築いた堤防もあり、そのほとりには秋になると一面に芒《すすき》が茂る。私はこの情景を子どものころからみているせいか、空が澄んで月が美しい季節には銀色に輝く芒の穂に秋色を思うのである。

旧暦の九月九日は五節句のうちの重陽《ちょうよう》の菊の月である。中国では奇数が陽にあたる数字であり、その極めの数の九が二つ重なるところから、重陽の節句とした。永久なものとの意から、めでたい日とされてきた。新暦でいうと十月十日前後で、ちょうど菊の花のさかりであるから菊花の宴ともいった。

日本ではこういった習わしは、平安時代に定着し、宮中では天皇が紫宸殿《ししんでん》に出て華やかな宴が催された。音楽が奏《かな》でられ、舞が演《えん》じられて、さらには詩も吟《ぎん》じられ、そのあとの饗宴《きょうえん》には、菊の花びらを浮かべた酒もふるまわれた。

菊にまつわる節会のなかで、もっとも興味深いのは「菊の被《き》せ綿《わた》」である。前夜に、菊に露が降りて花の色と香りが逃げてしまわないようにと、黄色、赤色、白色とそれぞれの花の色に合わせて絹の繭からつくった真綿《まわた》を染めて、花を覆《おお》ったのである。

清少納言も『枕草子』にこの様子を記している。

九月九日は、暁がたより雨すこし降りて、菊の露もこちたく、覆ひたる綿などもいたく濡れ、移しの香も持てはやされて。つとめてはやみにたれど、なほ曇りて、ややもせば降りたちぬべく見えたるもをかし。

この時代の菊花は現在のように丸く大輪を咲かせる立派なものではなく、野路菊《のじぎく》のような平たい花形の、やや小ぶりのもので、色も白、黄、赤ぐらいだったそうである。これに植物染料で鮮やかに染めた真綿を被せて、色と香りを残して菊花の宴を迎えようとする心遣《こころづか》いは、平安時代の王朝の女人たちの季を大切にする気持ちであったろう。

真綿は宴がはじまると菊花から同時にはずされるが、そこには花の香が移っていて、この綿で顔や身体をぬぐうと、不老長寿がかなうとされていた。仙人の里に咲いたという長寿延寿の菊を愛でて、菊の花びらの浮かんだ酒を飲み交し、菊の花の香りが移った真綿を身体にあてた。それが九という数字が重なる永遠の日にいつまでも麗《うるわ》しくとねがう重陽の節句の由来である。

ただ、こうした行事は、天皇を中心とする貴族のあいだでおこなわれ、のちには武家が真似たが、一般の庶民には浸透しなかったので、私たちにはあまりなじみのないものである。としても、このような節会の情景を思うと、黄色の菊に被《かぶ》せた真綿はなんの植物の染料を使ったのか、という想像をしてみると、私ならば、この季節にちょうど近江の伊吹山から刈安の草が届くので、これで染めてみたことだろう。

菊の花でもうひとつ思いおこすのが仁明《にんみょう》天皇のことである。

仁明天皇は、平安京に都を遷《うつ》した桓武《かんむ》帝の孫にあたる。藤原氏がほかの貴族を抑えて力をつけはじめ、権力の座に近づこうとして、娘を天皇と結婚させて姻戚関係を結ぼうとしていた。仁明天皇は藤原「北家《ほっけ》」*の冬嗣《ふゆつぐ》の娘順子《じゅんし》を女御《にょうご》とした。天皇は義理がたい人であったのか、即位にあたってはその地位を譲ってくれた叔父にあたる淳和《じゆんな》天皇の子、恒貞《つねさだ》親王を皇太子に立てた。だが、権力を維持したい藤原氏は順子との間に生まれた第一皇子、道康《みちやす》親王（のちの文徳天皇）を皇太子にすべきだと主張した。これによって「承和《じようわ》の変」*という政変がおこった。

この仁明天皇はことのほか菊の花、それも黄色のものを好んで、宮中に数多く植えさせて観賞したばかりか、衣裳などにも黄色に近いものを染めるように命じたので、在位中には菊花の黄色が流行していたという。こうした因縁をもつ色を承和色《そがいろ》というのは、天皇が在位されていた年号が承和《じようわ》年間であったことにより、それがだんだんと訛って承和菊《そがぎく》とか承和色というようになったといわれている。

冠位を超えた天子の色

十月も二十日を過ぎると紅葉の季節である。銀杏《いちよう》の樹が黄へ、楓《かえで》などの紅葉樹《こうよう》は赤へと、山の樹々は色づいていく。このような季節の野山の色の移ろいを王朝の人びとは衣裳の色になぞらえて、菊の襲《かさね》、紅葉の襲、落栗色《おちぐりいろ》の襲などさまざまな名称をつけていつくしんだ。

といっても、そのような自然の色が、花や葉からそのまま衣裳に染まるかといえば、染色の技術はそれほど簡単なものではない。植物染料といっても、自然の姿の見たままの色が染まるということはごく少ない。

秋に色づく櫨《はぜ》もその例にもれない。櫨はウルシ料の喬木《きょうぼく》で、おもに関東以西の暖かい山や雑木林に自生する落葉樹である。その果皮は和蠟燭《わろうそく》の材料となるほど油性分を多く含んでいて、葉は秋の早い時期に黄から赤へと美しく色づく。

ところが染料となる色素は葉ではなくて、幹のなかに含まれている。樹を割ると中心が黄色く、その部分を日本では古くから染料として用いてきた。正倉院に遺されている文書には波自紙《はじかみ》という記述があって、和紙を染めるのにも使われていたようである。『延喜式』には、

黄櫨綾一疋。櫨十四斤。蘇芳十一斤。酢二升。灰三斛。薪八荷。帛一疋。紫（草）十五斤。酢一升。灰一斛。薪四荷

とあって、いわゆる「黄櫨染《こうろぜん》」という技法が記されている。

この黄櫨染は中国の様式にならった天子を象徴する色で、紫・青・赤・黄・白・黒といういわゆる冠位の色を超えた特別な禁色《きんじき》なのである。

中国において隋の時代には、「赭黄」、つまり黄赤の色彩の綾織物が天子や高貴な人びとの衣

「延喜式」は染色についての古典的な教科書

裳であった。ところが唐の時代になって、この色を身分の低いものまでもが真似るようになったので、この色を着ることを禁じたという。日本においても、奈良時代にこれをうけて、支子と紅花とで染めた黄丹が皇太子の着装の色と定められていた。

　ところが、それによく似た色で「黄櫨染」と称する黄赤は必ずしも天皇だけとは限定されていなかったが、平安時代にはいると、弘《こう》仁《にん》十一年（八二〇）に、天子の色と定められたのである。それらが、およそ八十年あとに記された『延喜式』には黄櫨染の染色法が右のように明文化されていて、それに準じて染めたと思われるが、この色名、色材についての記述のあいまいさが、のちのちにまで大きな論議を呼ぶことになる。

櫨は幹を割ってみるとその中心部が黄味で、煎《せん》じていくと黄色い染料となる。蘇芳《すおう》も同じく芯材が染料となっているが、色は赤く染まる。蘇芳はマメ科で、インドから東南アジアにかけて生育する喬木で、日本のような温帯では生育はむずかしい。

だが、奈良時代にはすでに輸入されていて、正倉院宝物に、これで黒柿の木の表面を染めて紫《し》檀《たん》のようにみせて、金と銀で山水画を描いた「黒柿蘇芳染金銀山水絵箱」が収蔵されている。さらに和紙を染めた記録もある。平安時代に入っても輸入はさかんで、赤の染料としてかなり重要な位置を占めていたようで、王朝時代に書かれた物語にも散見される。

『延喜式』に記されたように、櫨の黄と蘇芳の赤とを重ね合わせて染めていくと、黄赤つまり橙色の系統の色となるが、どれほど黄味が強いか、あるいは赤が勝っているのかは判断しにくい。さらにその記述のあとには「帛一疋を黄櫨染に染める場合、紫草と酢と灰を使う」とある。私の工房でも紫を染めるとき、たまに酢を使うことがある。紫草の根から色素を出して染液とするさいに、酢を少し足しておくと赤味が強くなって、染色を終えるといわゆる赤味の勝った紫色となる。

ところがそこに紫根で染める紫色も入ると、櫨と蘇芳との交色によって、赤黄色には、どのようにしてもならない。私の見解では黄櫨染のところに紫十五斤と記述があるのはなにかのまちがいで、黄櫨の色は、やはり秋の紅葉した葉の色とみて蘇芳と櫨の交染の赤黄色と素直に判断したほうがいいとおもう。

将軍吉宗《よしむね》が再現を試みた色

『延喜式』の縫殿寮《ぬいどののつかさ》に記されている色彩名とその染色材料から、日本における約千年前の染色の事情をつぶさに知ることができるので、植物染料と伝統的技術で染色を試みようとするものにはもっとも基本的な手本となる。

私の工房においても、つねにこれを参考にしながら仕事をしている。といっても、そこには材料と数量が明記されているだけで、染め方の順番や、使用法が詳しく記述されていないので、とまどうことはたびたびある。

徳川八代将軍吉宗は、「享保《きようほう》の改革」を断行したことで知られる幕府中興の祖であるが、なかでも殖産振興に力を注いだ。その一端として江戸城内にある吹上御殿に染殿《そめどの》を設けて、古い染色技法を布や革に再現しようとした。

その成果を『式内染鑑』として残しているので、私たちのような染色を志すものに参考となっている。また、吹上御殿の染色工房の様子は『徳川実記』につぎのように書かれている。

古製の染色は、延喜式縫殿の部に其法少し見ゆるといへども、今それをもてわきまへがたし、また往昔の布帛染革もて、もののぐの飾に用ひしものままあれど、これも年をへて色変りそこなはれて、其世のさまのたしかにしりがたしとて、内蔵式に載し染草の分量をたださせたまひ、それにたがはず製し出すべしと仰出され、小納戸浦上彌五左衛門直方奉りて、後藤縫殿呉服所に命じ、享保十四年より吹上の園中に染殿を開き、年々あまたそめ出しけるが、後にはみな習熟して、黄櫨染よりはじめ、紫、紅、二藍、葡萄、朽葉、山藍、縹、緑の類、みな古色に少しもたがふことなく染出しけり。その中に茜染は、むかし山城國山科の里にて、もはら染けるが、いつしか茜草の製法を失ひて、此頃は蘇芳もて染しを茜染と名付、世にひさぐこととはなりぬ。然るにまことの茜染はいかなる風雨霜露に逢といへども色かはらず、蘇芳にて染るも打みたる處は劣らずといへども、年をふるか、風雨霜露にあへば、色かならず変ずといへり、さればむかしより、武器には多く茜染を用ひしたり。これも染工等に命ぜられて、しばしばこころみられけれど御旨に應せず、其後貝原好古黒田右衛門佐綱政家人がしるしたる農業全書の中にその染法をくはしくのせければ、これによりさらに御考どもあり、はたして古裂のごとく染出しければ、盛慮にかなひ永壽丸といへる御船の記號旗をもそめて試らるるに、年をへて風雨にあへども色かはらざりければ、後は布帛はさらなり、矢羽竹などまでもをそめられける、また其頃山城國八幡山よりいづる菖蒲皮をも命ぜられしに、少しもたがはず染出しければ、御甲冑のよそひも是を用ひ玉へり、かくて京よりも染工どもあまた召れて、種々のもの染けるが、後にはいと盛になりて、縫殿式の染色、半にすぎてそめ出しければ、この服色をあつめ帖とせられ、式内染鑑、一名延喜染鑑となづけて、後の證とせられしが、今猶奥の御文庫にあり。

この記載のように、徳川吉宗は『延喜式』の縫殿寮に記されたものを参考にして、黄櫨染をはじめさまざまな染色をした。そのなかに、途絶えた茜染《あかねぞめ》も試みたとも記されている。

そこでまず吉宗の「黄櫨染考」をみてみよう。『延喜式』にのっとって、染め方と、その成果についての考え方を表記している。

それを要約すれば、『延喜式』と同じように黄櫨染を、櫨大十四斤、蘇芳大十一斤、酢、灰を使って染めている。櫨をやや回数を増やして濃い黄色にし、それに蘇芳を掛けると赤黄色になる。これが黄櫨染、すなわち天子の色というものである。

ただ、彼らは黄櫨染を「属ス㆑黄ニ非ズ㆓赤色ニ㆒」というように、赤色ではなく黄色系の色彩と解釈したらしく、蘇芳を用いたら赤味が勝ってしまったので、実際は使っていなかったのではないかというようなことを記している。そしてその下に記された紫根についてはどう解釈したかの記述もなくまったく無視している。

日本茜染の困難さに挑戦

先の『徳川実記』を読むと吉宗は茜染の技法も試みている。

京都の街より東山を越えた山科の里でかつては茜染がおこなわれていたが、いつからか、それがすたれてしまって、江戸時代の中ごろ、吉宗の時代では蘇芳を代用品として染めて、茜と称していた。

しかし、茜染は長い年月にも風雨にも耐えてきたけれども、蘇芳は色が変わりやすい。かつては武具の鎧などには茜染は多く用いられてきたのにと、嘆いて、なんとか茜の染法をよみがえらせられないものかと染人に命じている。

しかし、幾度か試みたが、なかなかうまくいかなかったので、貝原好古（貝原益軒《えきけん》の甥）が書いた『農業全書』（本当は宮崎安貞《やすさだ》の著）にその染色法が書かれているので、それを参考にしたら、見事に再現できて、永壽丸という船の旗を染めたところ、あまり退色がなかったと記している。

たしかに日本における茜染の技術は桃山時代あたりになるとかなり衰退していたと思われる。平安時代の終わり、武士の出現によって甲冑が戦時の服装として登場してきた。そのなかに鎧《よろい》の札《さつ》をつなぐ組紐や革紐を茜で染めたいわゆる緋鎧《ひよろい》がいくつか今日まで遺っている。

それらは平安時代か室町時代の終わりのころまではまさに日本産の茜で染められたものであるが、その技術がむずかしいために、桃山時代よりあとは紅花の赤と紅花の黄色の染料を掛け合わせて黄味がかった赤色を出すか、あるいは蘇芳で代用してしまったのである。

徳川吉宗は幕府体制を中興しようとした将軍であったから、武将の象徴である甲冑の緋色も伝統的な古い様式の鮮やかな本当の茜染であらわしたかったのであろう。

東京都の西、青梅市にある御岳山《みたけさん》の山頂に建つ「武蔵御嶽《むさしみたけ》神社」*には、鎌倉時代の武将で源頼朝の忠臣であった畠山重忠《はたやましげただ》が奉納したと伝えられる国宝の「赤糸威鎧兜《あかいとおどしよろいかぶと》」が伝えられている。

これは幅の広い黒い漆塗の平札を茜の広い組糸で威《おど》した豪勢な武具で、全体に茜色が目立つ華やかな雰囲気を持った鎧である。これを吉宗は享保十二年（一七二七）にわざわざ江戸城へ運ばせて参考にみている。吉宗の茜染への強い執着がわかる史実である。

その吉宗の実見から百八十年を経た明治三十年代になってその鎧兜の傷みが激しくなり、修理がおこなわれたのである。

当時、一八五〇年代に発明されたイギリス、ドイツの化学染料が日本に大量に輸入されはじめていた。日本の伝統的な染色である花草樹の実や根を使って染める植物染は衰退の一途をたどって、いわんや、吉宗が再興をねがった困難な日本茜染の技法など伝わっていたはずがない。

その補修にあたってはドイツから輸入された当時では最先端をいく化学染料が用いられたので

ある。それが画期的な方法と考えられたのであろう。

ところが、それから百年たった現在はどうであろう。補修されず平安時代の茜で染められたままの糸は、若干退色はしているものの、いまなお茜色を呈しているが、化学染料で染められた糸は、無残にもはげたようなピンク色になっている。

いくら進んだ化学技術といえども、染色されたしばらくの間は美しい姿を保っているが、それが五百年、千年の年月をへた結果はわからない。私からみれば、天然の染料で染めた糸が必ずしも長くいい色を保つとはいえないだろうが、たとえ退色していってもそれなりの美しさがみられる。化学染料は、ひとたび退色あるいは変化がおきると見るに忍びない色になってしまう危険性があるという証左だ。

私の父も吉宗が復活を試みた話を読んで、日本茜の染色に挑戦したことがある。昭和四十八年のことであった。『延喜式』の別の項、巻十七内近寮に「染料茜三百斤。白米九斗。茜ヲ煮ル用度」とあり、また、吉宗も参考にした『農業全書』のなかに、

あかねかし様。前の年。九十月に掘たるならば。明る日染る宵より水に漬。明る日流川にて。しるの清ほど洗ひ上て煎ずべし。九月ほりたるは。二夜かすべし。をそく掘たる程。段々此考へにてかす物なり。

と書かれている。日本茜、あるいは同じ系統の中国茜も根を掘ると一年間に伸びた若い細い根には黄色の色素を含んでいて、これが黄色く濁らせる原因であると考え、『農業全書』に書かれているように流水に晒《さら》す方法と、『延喜式』に書かれているように、煎じるときに白米をいっしょに煮る方法を試みたのである。

すると白米には黄色が染まりついて、あらかじめ流水に晒されてきれいになった茜根からは染色のための美しい赤の色素が得られるようになった。つまり『延喜式』と宮崎安貞の書との長所をとったのである。これはかなりの効果をおさめ、古い遺品のようなまさに日本茜の色となった。

いま私の工房では茜色を染める場合、新しく掘った茜根では父のおこなった方法で染めるが、近年、中国から新しい一年根をとり除いたやや太い立派な茜根が漢方薬として輸入されているので、それを使うと古い遺品に近いかなりいい茜色に染まっている。

安石榴《ざくろ》の実の色づくころ

秋になるともうひとつ気になる植物がある。工房の庭先に二、三本植えられている安石榴の樹

ざくろの実は黄の染料となる

が夏に赤い小さな花をみせたあと、黄赤の実をつける。だんだんと赤い部分が増えてきて、皮にひびが入ったように裂けて、透明な赤い果肉があらわれる。これを搾《しぼ》ると甘酢っぱいジュースが出てくる。

安石榴はペルシャあたりが原産といわれ、いまも数多く自生している。かつてシルクロードの往来が盛んだったときに砂漠を遠くへ旅する人にとっては安石榴は格好の携帯飲料であった。ペルシャ方面から西へ東へ旅する人によって運ばれた安石榴は、もともと天候によってまったく左右されることなく丈夫に生育するので、広い地域でその栽培がおこなわれるようになっていった。

中国へは紀元前二世紀ごろに西域との交渉にあたった張騫《ちょうけん》という官吏がペルシャ付近の安石国より持ち帰ったとされ「安石榴」と記されるようになったといわれている。だが、本当はそれよりもっと古くより栽培されたという説もある。ひとつの袋のなかにたくさんの実があるところから子孫繁栄の象徴として、結婚式の祝宴に添えられたという。

七世紀に中国で発行された『斎民要術』には、この安石榴は紅花の発色剤として記されている。日本では『倭名類聚鈔《わめいるいじゅうしょう》』に書かれているところから、遅くとも平安時代には渡来していたと思われ、染料や漢方薬には実の皮を煎じて用いられ、明礬《みょうばん》で発色するとややくすんだ黄色に染まる。

安石榴は木綿や絹といった繊維を選ぶことなく、よく染まりつく材料なので私の工房でもよく使う。工房の庭のものは十月の終わりにはすっかり熟するので、実を樹から取って、蓙《ござ》に並べて干しておくと、晩秋の淡い太陽の光を浴びて皮はより赤味をましていく。

［藤原北家］　右大臣藤原不比等の息子四人が祖となった藤原四家（南家・北家・式家・京家）のうち、次男の藤原房前（六八一〜七三七）を祖とする家系。四家のなかではもっとも繁栄し、藤原道長（九六六〜一〇二七）・頼通（九九二〜一〇七四）父子のときに全盛を極めた。のちに子孫は五摂家にわかれ、摂政・関白の地位を独占した。

［承和の変］　承和九年（八四二）嵯峨上皇の死後の混乱に乗じて起こった事件。伴健岑・橘逸勢が皇太子恒貞親王を奉じて東国で挙兵する企てが発覚し、上皇の葬儀の翌日に捕らえられた。健岑は隠岐に、逸勢は伊豆に

流罪。恒貞親王は皇太子の地位を剥奪された。藤原良房（北家）の陰謀とされる。

「武蔵御嶽神社」　標高九二九メートルの御嶽山の山頂に鎮座する。第十代崇神天皇のときに創建された古社といい、天平八年（七三六）僧行基が東国鎮護を祈願し、蔵王権現の像を安置したと伝えられる。中世以降、関東の山岳信仰の霊場として発展するとともに、鎌倉時代には有力な武将に信仰され、多くの寄進を受けた。徳川家康が関東に入ると、江戸の西の護り神として当社の南向きの社殿が東向きに改められた。青梅市御岳山176〈JR御嶽駅からバスとケーブルカー〉

十一月……正倉院と法隆寺の染織品の魅惑

シルクロードの東の終着駅

十月の終わりから十一月にかけて、東大寺大仏殿の裏のあたりを散策するのはじつに楽しい。登大路《のぼりおおじ》から左に折れて南大門《なんだいもん》をくぐって、大仏殿の前庭あたりまでは観光客も多く雑踏のなかを歩くことになるが、裏手にまわるとさすがに人影もまばらで静かな雰囲気になる。

大きな銀杏の樹が何本もあって黄色に染まった葉が風に吹かれて散っていく。大仏池の水面《みなも》には紅や黄の樹の葉の色が映え、散った葉もわずかに浮かんでいて、遅い秋の色がただよっている。

二月堂へ通じる石畳を東へと歩を進めると、松林があって、その大木のあいだを苔や落葉を踏みながら歩く。そこはかつての大講堂のあとで、大きな柱を支えた巨大な礎石《そせき》が埋もれていて、その表面の石の年輪のような刻みをみると、東大寺の歴史の深さがわかる。

それにしても大仏殿は江戸時代に再度焼失して再建され、また大講堂は礎石だけが残っているだけだが、その北にある正倉院の倉だけは今日まで、その姿を往時のままとどめている。このことは奇跡に近い。

北へ、若草山へ通じる細道を進むと、すぐに正倉院の白い塀がみえてくる。角に門があって、そこからなかの砂利道を進むと、木肌の黒茶色の大きな倉が正面にみえる。檜の三角柱を組みあわせた校倉造《あぜくらづくり》で、内部は北から順に北倉、中倉、南倉と三つに分けられていて、床は湿度の高い日本の気候に合わせて高床式になっている。檜は千二百年もの長い年月に耐え、風にけずられて年輪をみせているが、木組の単純な造形がなんとも力強くみえる。

この時期は、正倉院宝物の曝涼《ばくりょう》で、ここに収蔵されている宝物が虫干しをされる。この期間中は奈良国立博物館で「正倉院展」がおこなわれていて、私たち一般のものも宝物の数々をつぶさにみることができる。

天平の遺品を伝える正倉院

東大寺正倉院は大仏殿を建立した聖武《しょうむ》天皇が、天平勝宝《てんぴょうしょうほう》八年（七五六）に亡くなられたあと、光明《こうみょう》皇后が天皇御遺愛の品々を東大寺に献納されたものを収蔵している。その一つひとつについて明記した目録、いわゆる献物帳《けんもっちょう》が遺されていて、正確な記録が裏づけとなって貴重な歴史資料である。

天皇御遺愛の品々のほか、天平勝宝四年

（七五二）の大仏開眼会のきわめて盛大で国際色豊かな儀式に使われた用具も納められ、さらには当時の東大寺にかんする資料も収蔵されている。まさに天平の華やかな時代の文化の香りをそのまま包みこんでいる倉といえる。

しかも、この校倉造の建物が、千二百年もの長い間、激しい歴史の波を受けながらも、そのまま壊れることなく遺されていて、天皇の勅封《ちょくふう》という特別なはからいによって、ほとんど人の手がつけられていない。

たとえば、中国唐の都の長安、イタリアのローマ、ギリシャのアテネなどかつては政治文化の中心として栄えた世界の大都市の多くは、一度は廃墟《はいきょ》となって土に埋もれ、のちに発掘されて現在私たちの眼前にあらわれている。

それらにくらべてこの正倉院をはじめ、法隆寺の伽藍と宝物の数々は、一民族によって往時のまま、しかも地上で保たれてきたということは、奇跡といわざると得ないのである。

第二次世界大戦後は秋の曝涼に、正倉院展という形で公開され、だれもが鑑賞できるようになった。私たち日本人は、天平時代の大仏開眼という大きな出来事をきっかけとして、日本の奈良の都がシルクロードの東の終着駅として世界の文化の大きな流れのなかに仲間入りしたときのありさまと、その時代の朝廷を中心とする都の人びとの生活の様子を、宝物類のなかに詳しくみられることは大きな幸福といわねばならないだろう。

いまから千二百年も前のことであるから、現代人のように便利な道具を身の回りにおいて生活していることからすれば、さぞかし不便で原始的な生活をしているように思うだろう。だが、私の専門である染織品を詳細にみると、現代ではおよびもつかないような高度な技術が施されているものをいくつも発見できる。

正倉院のなかに収蔵されている染織品はほんの小さな断片も含むと、十数万点にもおよぶといわれているが、その一点一点は、色彩の美しさといい、染織の技術といい、じつに多彩である。当時のまさに絹の道を行き交った東西の技術の粋がここに収められているのである。

私たちの眼前に飛鳥の色彩が

たとえば「花樹双鳥文夾纈《きょうけち》」という一枚の裂がある。

もともとは褥《じょく》というもので卓上の敷物に使われていたらしいが、縦が一メートル、幅五十センチあまりの大きさで、濃い紺地の中央に大樹があらわされ、枝には茜色の大きな花が満開で、その下に蓮弁のような花の座があり、二羽の鳥が向かいあって羽を広げている。さらにそのまわりには、雲と花と群れ飛ぶ鳥があらわされた雄大な図柄の染織品である。

これには、一枚の布を折りたたんで、同じ文様を彫った二枚の板で挟んで染め上げる夾纈という技法が施されている。染料は藍、刈安の黄、茜の三色を使う。

このような多色夾纈の技術はきわめて長い時間と労力を要する高度なもので、日本では平安時代のなかごろ以後は、あまりにも困難なためなくなってしまったのである。中国でも明の時代に滅び、その発祥の地といわれるインドでも十八世紀以後はおこなわれなくなってしまった。

東大寺において、聖武天皇が大仏建立の発願をされてから千二百五十年たった記念すべき年にあたる平成五年（一九九三）に、「東大寺盧舎那《るしやな》大仏発願慶讃法要《ほつがんきようさん》」がおこなわれたときに、その大がかりな儀式のひとつとして、伎楽が演じられることになり、私の工房では、その装束の制作を引き受けることになった。そのひとつに、この幻の技術といわれる多色夾纈を再現したいと考えて、正倉院に伝えられる双鳥文の再現を試みたのである。

二枚の厚い朴《ほお》の板を用意して、そこに文様の線を写しこんで刀で彫りこんでいく。彫刻は仏師の稲田光凰氏の手をわずらわせたが、細かな文様なのでかなりたいへんだったようである。彫り上げたあと、その板のいたるところに穴を開け、藍、刈安、茜という三色の染料をそれぞれ分け、染めるさいには使わない染料のための穴には栓をしていく。その穴の数は片面千六百個、両面では三千二百個もあり、文様と色彩を見定めながら、栓を開けるところ、つめるところを決めていくわけだから、神経をゆき届かせていないとたちまち染料が浸透してくる。

彫刻に二カ月、染色は試験の段階から含めると三週間ほどかかって、原寸大の復元染色がようやく完成した。

このように、正倉院やさらにひと時代古い法隆寺に伝承する宝物の復元は、私の父の時代からいくども試みているが、かなりの出来までいっても、なかなか完璧な復元とはいかないものである。それほどに上代の日本の染織、そしてその源ともいうべき中国の隋、唐時代の染織は技術の水準が高く、奥が深く、そして美しいのである。

東大寺の伎楽衣裳を再現

私は子どものころから父親に連れられて、毎年のように正倉院展をみにいっていた。

それは奈良国立博物館の新館ができる前で、いまも正面にのこっている煉瓦造りの旧館（現・なら仏像館）でみた記憶がある。かれこれ五十数年前からであろうか。

正倉院展の名品は何年かのサイクルで出展されるので、同じものをなんども拝見しているが、いつ観ても新鮮な感動をいだく。

また、法隆寺にも、いくどなく染織や色彩の勉強のために通わせていただいている。

よしおか工房で復元した「花樹双鳥文夾纈」

私の伯父にあたる日本画家の吉岡堅二《けんじ》が、昭和十五年からはじまった文部省の法隆寺金堂壁画の模写事業に加わっていた。昭和二十四年の火災による焼損《しょうそん》のあと、昭和四十二、三年におこなわれた復元模写も担当していた。

私も父も昭和六十年の法隆寺「昭和大修理完成慶讃法要」において、五重塔の宝塔にかかげる大きな幡《ばん》をはじめ、さまざまな染織品の制作に携わっていた。そのような関係があって、二人が法隆寺に出向くときには同行させてもらい、宝物の数々を拝見して勉強させていただいた。

あるとき、伯父が「金堂壁画」の模写の前へ私を立たせた。第三号壁の観音菩薩像の腰のあたりの裂《きれ》が、この法隆寺に伝来する「太子間道《たいしかんどう》」という染織品を描いていること、第六号壁の観音像には同じくこの寺に伝わる「蜀江錦《しょっこうにしき》」の布が描写されていることを指して教えてくれた。

「太子間道」は、赤地に矢絣《やがすり》風な文様があらわされた経絣《たてがすり》の裂で、聖徳太子のゆかりの裂という意味から、このような名称がつけられている。絣というと私たちはとかく紺色の木綿布を思い浮かべるだろうが、この太子間道は華やかな色彩の絹布で、世界で現存する最古の絣布である。

「蜀江錦」は、赤地で格子のなかに小さな丸文が連なった連珠《れんじゅ》文様があらわされて、この織物は経の糸を浮き沈みさせながら織り上げる「経錦《たてにしき》」という技法である。中国ではおそくとも漢の時代よりおこなわれてきた伝統的な絹織物で、それはきわめてむずかしい技法であった。そのため八世紀になるとペルシャ方面から伝わってきた緯錦《ぬきにしき》に代わってしまうのである。織り方の困難さと同時に、これらの赤の色の彩りには目を瞠《みは》る美しさがある。

この両遺品は、いずれも飛鳥文化の華やかな時代に制作されたもので、これが日本製なのか中国からの輸入品なのかは断定しにくいが、蜀江錦は中国の蜀の国が赤地の錦のすぐれた産地であったところから、四川省の成都《せいと》あたりで織られたといわれている。同じ文様のものが敦煌莫高《とんこうばっこう》窟《くつ》第四二七窟の壁画の仏三尊像の着衣にもあらわされている。

いずれにしても七世紀の終わりに制作された金堂壁画の大画面には、それ以前、法隆寺に伝来した蜀江錦と太子間道が存在していたからこそ、それらの裂を仏像の衣裳として描くことができたわけである。

法隆寺には千四百年近い歳月をへたいまも真紅の蜀江錦と太子間道が伝えられ、若干《じゃっかん》退色はしているようであるが、鮮烈な飛鳥の色彩を私たちの眼前にみせてくれる。これらの鮮やかな赤の染料は、茜なのか臙脂虫かは判断しにくいが、この長い年月、美しい色を保てるだけの染料で染められていることはたしかである。

飛鳥から天平時代の「赤」は、私のような仕事に携わるものには永遠の課題である。千年以上も前の実物をみると、染織の技は進歩したのか、退歩したのか考えざるをえない。

一七六〇年代にイギリスではじまった産業革命は、人の手によっていた生産や技術を機械化した工場で大量につくり出す仕組みをつくった。たとえば染料においても分子を科学的に合成させて、自然の色に近いものを生みだし、欧州諸国でつぎつぎと化学染料が誕生した。

日本には化学染料は明治時代のなかごろに輸入されて、それまでの伝統的な植物染はだんだんと化学染色に取って代わられていった。当時としては珍しい舶来の色であった。

それからおよそ百年の歳月が経ち、石油からの高分子化学によって染料はつくられ、木綿にも麻にも絹にも、そしてナイロン、レーヨンのような化学繊維にもたやすく染まり、色落ちはほとんどなくなってきた。

しかし、今日まで遺された日本の数々の染織品をみるとき、私の眼には古い伝統的な技法、飛鳥天平の時代から江戸時代の終わりまで千年以上も培ってきた染色の技によってうみだされた色のほうがどうしても美しくみえるのである。

茶と黒の色が持つ無限の色層

法隆寺や東大寺正倉院に伝えられる染織品の数々は、どちらかといえば国家の中枢をなす人びとの華やかな品々であるが、いっぽう、その時代の庶民はどのような素材で、どのような色彩の衣裳を着ていたのであろうか。

絹は中国より伝わったばかりの高級品であったし、当時、熱帯のインドが原産の木綿は中国や日本などの温帯にはまだ到達していなかった。そのため庶民は麻を栽培して、それをおもに衣料としていたが、山野に自生している藤《ふじ》、楮《こうぞ》、葛《くず》、科《しな》などの樹皮も、その内側の繊維を細く裂いて糸にして機にかけて布としていた。

これらの庶民の衣料となる布に、色と文様をあらわすのに用いられた染料は橡《つるばみ》、矢車《やしゃ》など身近な木の実が多かった。とくに秋のさかりになると木の実は色づき熟してくる。それを用いて染めるわけだが、赤、青、紫などの華やかな色に比べて、茶や黒はまことに地味な色ではあった。

『万葉集』に、

橡の一重の衣《ころも》うらもなくあるらむ子ゆゑ恋ひわたるかも

——橡の一重の衣のように裏もない子なので私は恋に苦しんでいる。

とあるように、山野に生育する橡のような木の実は、庶民にもたやすく手に入る格好の染料であった。正倉院文書などの記録を読むと、先にあげた橡や矢車、杉の皮、胡桃《くるみ》、そして南方から輸入される阿仙《あせん》などが茶や黒の系統の染料として多く使われていたようである。

橡はくぬぎの古い名称でその幹は炭をつくるのにも用いられるが、染色にはその実とそれを包む蔕《へた》を使う。渋柿の実と同じように木の実には渋が多く含まれているからである。

紅はうつろふものぞ橡《つるはみ》のなれにし衣《きぬ》になほしかめやも

――紅花染のような華やかな色は退色しやすいが、橡はいつまでも色が残っている。

と大伴家持《おおとものやかもち》も詠っている。

団栗《どんぐり》はいまでも近くの山林でよくみかけるように、平安時代以後も染料としてかなり使われていたようである。『延喜式』にも橡の記録がみられる。ただし、「青白橡《あおしろつるばみ》」「赤白橡」のように実際は染料として使われていないのに色名として登場して、のちの時代に論議をよぶようなこともあった。

この十一月の季節に、採ったばかりの団栗の実はまだ青く、これに少し包丁を入れて皮をそぎ、中味を取りだして、麻布に摺り込んでみる。万葉人の「摺衣《すりごろも》」を試してみようと思ったのである。実からは少し汁が出て、白布につく。見た目にはわからないが、木灰を溶かした液に浸けると、深い茶色に変わっていく。

鉄分を溶かした液にこの布を入れると、灰色から黒っぽい色となってくる。工房では、お粥をたいて、そのなかに錆びた鉄くぎを何本か放り込んでおく。寒い時期でも一週間もたてば鉄は腐ってお粥のなかに溶けて赤茶色になっている。

それを少しすくって水のなかに溶かすと、鉄分のある水となるので、そこにあらかじめ茶色に染めた布を入れると鉄分と反応して黒色に変化する。古代の人びとは木の灰の液のなかとか、大島紬にみるように鉄分が含まれている泥に浸けると、茶や黒に色が変わることを知っていたのである。

実、樹皮などに含まれる茶色は、植物が含んでいるタンニン酸で、これは植物の生体にとっては、傷口から菌が入るのを防ぐ除菌剤の役目を果たしているのである。

そのためどの植物にも含まれているが、やはり樹皮や実に多くあって、人間はその中味の濃いところを利用させてもらっているわけである。茶とか黒とかの色彩はだれにでもできる染め色で、身近にある渋柿とか櫟《くぬぎ》の木の実の橡《とち》や栗などの実や樹の皮をはいですぐに使える。

平安時代に「鈍《にび》」という色名が登場する。

これらも橡や矢車などを煎じて染め、鉄分で発色をしてやや黒味の灰色にしたものをいう。

結婚した女性が歯を黒く染めるお歯黒《はぐろ》というものがある。この習慣は平安時代からおこなわれていたらしいが、これは五倍子《ごばいし》という染料の粉を楊枝《ようじ》につけて歯に塗り、そのあとで先に書いたような鉄分が溶けたお粥を塗って黒く発色させるしくみである。

ここで用いる五倍子というのは、ヌルデの木にアブラ虫の一種が飛んできて、葉にある養分を吸い込もうとして卵を産みつける、そこで虫に傷つけられて防菌をしようとする作用が働いてタンニン酸が集まってきて、コブのようになってくる。そこが五倍にもふくれることから五倍子という名称がつけられたのである。それを九月ころに採集する。人間は虫によってタンニンが多く集まったところを染料としていただくわけである。

江戸時代のなかごろを過ぎると、このような染料を使った茶と黒の色が流行してくる。流通経済が発達して富を蓄えてくる町人がふえ、彼らもだんだんと贅沢《ぜいたく》になってきらびやかな衣裳を着るようになる。これに対して将軍や藩主たちが、たびたび贅沢禁止令を出した。そこで町人はあえてお上の命にさからうよりも、こうした地味な色に変化をつけて楽しもうとしたのである。「百鼠《ひゃくねずみ》四《し》十八茶《じゅうはっちゃ》」というようにそれぞれ微妙な色相を楽しんだのである。

宮本武蔵と戦った剣術家吉岡清十郎が染色に携わって考案したといわれる「憲法染《けんぽうぞめ》」の黒、それに歌舞伎役者が好んだ色で、その役者名にちなんだ「団十郎茶」、「路考《ろこう》茶」というように、まるで現代の流行色のように町人は茶や黒の変化を楽しんだようである。

それらが、京都の堀川筋から移り住んだ江戸の神田川沿いの染職人、あるいは加賀の梅染《うめぞめ》というように地方にもおよんで、おびただしい色名が生まれた。

江戸時代にはこうした染色法の書かれた秘伝書も数多く出版されていて、その技法がどのようなものか垣間見ることができるが、基本的には阿仙、五倍子、矢車《やしゃ》、橡、胡桃、檳榔樹《びんろうじゅ》、そして黄色系では楊梅《やまもも》などの染料を、あるときは明礬で薄茶に、石灰の液で赤茶に、鉄分で発色させて黒系にと工夫をこらしていたわけである。

十二月……春日の「おん祭《まつり》」に色彩の原初をみる

土着的な芸能に由来する祭

奈良市の東の春日山の麓を散策しながら歴史の香りを探ろうとでかけるとき、どの道を通っていくかは、そのときに訪れる社寺によって違ってくる。

「興福寺《こうふくじ》」*や「春日大社《かすがたいしゃ》」*に詣でようとするなら、近鉄奈良駅から賑やかなアーケードを抜けて三条通に出て、そこを東に向かうほうがいい。興福寺と春日大社の歴史を知るのにもっともふさわしい道である。

三条通を東に向かってすぐに高札場の復元が眼にはいる。そこから少し東へすすみ、南円堂《なんえんどう》への石段をのぼると、興福寺の三重塔がひっそりと建っているのをみることができる。

興福寺といえば高くそびえる五重塔を思い浮かべるが、そのほかにも平安時代の様式を伝える優美な伽藍《がらん》にも心打たれるものがある。さらに北へ向かって南円堂、北円堂をみながら、松林の間を抜けると、そこからは登大路《のぼりおおじ》を越えて、奈良県庁、裁判所などの現代の大きな建造物が眼に入ってくる。

いまは極端に狭くなった寺領も、そのあたりにはかつては興福寺の正倉ともいうべき三倉や東円堂などがそびえていたことを知らされると、この寺の激動の歴史を思わざるをえない。

「興福寺」は藤原鎌足《ふじわらのかまたり》の夫人が創建した山階寺《やましなでら》にはじまり、のちに飛鳥の地に移されて厩坂《うまさか》寺《でら》と称され、平城京の遷都とともにいまの地に定められてから、名称も興福寺と改められて、藤原氏の菩提寺《ぼだいじ》として長いあいだ栄えた。

そして、その境内の東に藤原氏が創建した春日大社を管轄して、日本の宗教の神仏習合の典型とでもいうべき相関関係がはじまるのである。

興福寺の伽藍の一角に建つ「南円堂」

興福寺にいったん入って、南から北へと歩いてかつての広大な伽藍に思いを馳せたあとふたたび五重塔を目標にして三条通にもどり、一の鳥居から東へ春日大社に向かうのがよいと思う。

そこからは年輪をかさねた大きな樹々の林に囲まれて、白砂の道をすすむと、神の宿る聖なる場所におもむく思いがする。ここから、春日大社の本殿、そしてその奥にある若宮の社まではおよそ一キロメートルの道のりで、春日野原生林の深い樹々のなかを歩くのである。

「春日大社」は藤原氏が神護景雲《じんごけいうん》二年（七六八）に春日野の東にそびえる御蓋山《みかさやま》をご神体として創建されたと伝えられる。

藤原一族は平安時代に入ってさらに宮廷との関係を強くしようとし、なかでもその北家《ほっけ》は冬嗣《ふゆつぐ》より天皇との外戚関係を結び、摂政《せっしょう》の地位をつとめて政権を思うがままにあやつったのである。その後も、藤原道長《みちなが》、頼通《よりみち》とその権威はさらに高まり、藤原氏の氏神《うじがみ》である春日大社には多くの貴族が詣でるようになり、天皇の行幸をはじめ皇族も訪れて殷賑《いんしん》をきわめた。

その春日大社の本殿より奥、「御間道《おあいみち》」とよばれる石燈籠に囲まれた静かな道をすすむと、瀟《しょう》洒《しゃ》な若宮社がみえる。この社は、藤原氏の勢力がまだわずかに余韻を残していた長承《ちょうしょう》四年（一一三五）二月に、時の鳥羽上皇が関白藤原忠通《ただみち》をしたがえて春日御幸をされたときに、それを記念して創建されたものである。

そのころは、政治の流れは藤原氏の全盛に影がさし、外戚関係のない天皇が実権を握り、さらには上皇となってなお政治を司《つかさど》る院政をおこなって、藤原氏の力を抑えようとしていた。このような貴族と天皇家との権力の確執のなかで、社会には不安が広がり、神と仏を結びつける神仏《しんぶつ》習合《しゅうごう》、本地垂迹説《ほんじすいじゃくせつ》が広まるようになった。

さらには、自然災害がたびたび発生して、一般の人びとの間に疫病が広まった。そのような社会不安がおこるのは宮廷のなかでさまざまなうらみを残していった人びとの怨霊《おんりよう》のたたりであるという考えから、それらをなぐさめるための御霊会《ごりようえ》がとりおこなわれるようになった。

その典型的な例が京都の祇園祭で、都の中心地で発生したこの祭は、近郊に新しい祭礼を生む結果ともなっていったのである。

「春日若宮おん祭」は、このような祇園祭の影響で、宇治《うじ》神社の祭が生まれ、さらには石清水《いわしみず》八幡宮の放生会《ほうじようえ》などが成功したのに刺激された形ではじめられ、御神体を御旅所《おたびしよ》に迎えて、田楽をはじめとする土俗的は芸能を奉納する形がとられたのである。

興福寺はその創始者である藤原氏の政治的な発展にともなって、その庇護《ひご》を受けてその力を増大し、春日大社を支配下に入れようとしていた。天皇あるいや上皇から与えられた広域な荘園からは作物だけでなく、農民、下流僧侶をよびよせて、僧兵あるいは大衆とよばれる兵を組織して大きな圧力をかけたのである。

春日若宮の創建とおん祭の施行の背景には、興福寺とその大衆による大和国全体の支配を裏づけるためにはじめられたということがあった。

時は移り、政権が武家に代わっても興福寺の大衆は、より強力な集団になるとともに、平重衡《しげひら》に焼討される悲劇を味わうことはあったが、その後、幕府からは大和国の守護《しゆご》的な役割をまかされるようになり、その権威は維持されていった。

それにつれて春日若宮のおん祭も興福寺の主催によって、田楽より発達した猿楽など中世に発展をみた芸能が多彩に加わって、神に捧げる祭礼が、間断なくおこなわれるようになったのである。

当初は秋の収穫祭として九月十七日におこなわれてきたが、中世になっていまの十二月十七日に改められた。そうしておん祭は八百有余年のあいだ綿々《めんめん》とつづけられている。

おん祭の闇のなかの色

若宮おん祭は春日野の御蓋山の麓に鎮座する春日大社の、さらに奥の若宮社に鎮座する御神体が、仮御殿のある御旅所に遷《うつ》ってこられるところから、そのおもだった行事がはじまる。

もうすでに宮司をはじめ神職たちが神霊を迎えるために若宮神社の宸殿《しんでん》に向かっており、十七日午前零時を期してあたりの火はすべて消されて、神職たちの低い「ヲー、ヲー」という警蹕《けいひつ》の声とともに御神体が出御してくる。

その先頭は大松明を燃やし、神の通る御間道の両側を引きずるように火の粉をまきながらすすんでゆく。先導とともにその火によって道を清らかにするということでもあろう。雅楽を演じる南部楽所の人びとが、笙《しょう》、太鼓、篁笛《たけぶえ》などの楽器で、奉楽をかなでる。

御神体は「ヲー」という神官が発する音声と、春日の御神体でもある榊《さかき》の枝に幾重にもかこまれ、伽羅《きゃら》の香りにつつまれて、西の御旅所へゆっくりと向かうのである。

厳寒のなか、空には月の光、樹木のなかは黒青とでも表現したいような色彩であった。灯りが大松明だけという浄闇《じょうあん》のなかでおこなわれるので、人びとの眼は月と星の光だけに頼っている。火のはいらない春日の石灯籠は苔むしているところは黒く鈍く、そうでないところは青白く光ってわずかにその重厚な形が浮かび上がるようにみえるだけである。

そのなかを進む御神体は警蹕と道楽《みちがく》の音《ね》、榊と神官の真白な浄衣とが重なり合っていて、月の光があたかもそこだけ焦点が当てられてゆるやかに光を放っているようで、そのあたり一帯に霊気がただよっているように思えて、神秘的な残像を残していくのである。

冷たい澄んだ空気のなかで、原生林の高い樹の間から空を見上げると、星の数はより多くみえて、小さな輝きも美しい。シルクロードの西域の敦煌を旅したときに砂漠でみた、まさに星が降るような夜空を思い出した。

やがて御神体は御旅所の前につく。神を迎える仮御殿は、樹皮をむかない丸太の黒木で壁は荒壁、屋根は松の葉で覆《おお》うという原始的な建物で、祭が終わると取りはらわれる。

その両側には五色の布がさげられている。御神体が到着すると同時に、明日から奉納芸が催される和芝の舞台のまわりに篝火《かがりび》が焚かれ、火焔太鼓《かえんだいこ》が打ち鳴らされ、暁祭がはじめられる。暁祭は神に山海の品々を献じることからはじまり、宮司の祝詞、社伝神楽が奏じられる。

夜が明けると、およそ三つの儀式が組まれている。

その第一はお渡り式という、御旅所に鎮座される若宮神のもとへ、田楽や細男《せいのお》などの芸を奏じる集団が行列を組んで奈良の街を回り、やがて一の鳥居を越えて御旅所に練りこんでいくという風流な行進である。

この一行が一の鳥居を越えて影向《ようごう》の松の下にくると、ここは春日大明神が翁の姿で万歳楽を舞われたという伝統の地で、奉納芸をおこなう一団はこの場所で定められた節や舞の一部を演じる松の下式をおこなう。それをすませるといよいよ御旅所へと向かうのである。

そこにはわずかに土が盛り上がって、和芝が植えられた素朴な日本の舞台の源流をみるような場所がしつらえられていて、四時ごろから神がおられる仮御殿を正面として、つぎつぎと舞が演じられて、おん祭は佳境へとはいっていくのである。

まず神楽にはじまり、「東遊《あずまあそび》」という風俗舞が演じられるころには夕刻もせまってきて、舞台のまわりに篝火が焚かれる。ついで、神に五穀豊穣を祈る田楽がはじまる。前にも書いたように、このおん祭がはじまったきっかけは、この素朴な舞を神に奉納することからとされており、のちに発生する芸能の魁《さきがけ》ともなったものである。いまは華麗な衣裳を身につけ、五色の大きな御幣《ごへい》を神にささげ、花で彩られた風流な笠を頭にのせて演じられる。

私が印象を強くするのはそのつぎの「細男」である。

真っ白な浄衣をつけた六人の男性が舞台に上がり、白い御幣を神殿に奉納してから、やおら向きを変えて、白い布を眼の下より垂らして、二人が素手、二人が小鼓を胸から下げ、あとの二人は笛を奏する役で、その笛の音によって、二人ずつが前に出たり、下がったりするもので、鼓の二人がやや傾きながら打つ程度で、前後左右にじつに簡単な動きで舞を踊ろうとするものである。

まったく単純な動きで顔まで白く覆った男たちの振舞いが、何か神秘的な雰囲気をかもしだす。その白の装束とゆるやかな動きは、日本の原始時代の自然神に、その年の豊作を願ったり、豊穣に感謝するというごく自然な芸能のはじまりをみることができる。

浄らかなる「白」を求めて

春日のおん祭に限らず華やかな祭礼には、豊かな色彩が舞うようにあって、そこに集う人びとの眼を楽しませ、心を高揚させるのが通常であるが、聖なる神の根底には清浄なる白があるように思う。

平成五年の伊勢神宮の遷宮のお手伝いをしたのち、神宮司庁から礼状が届けられた。それには小さな桐の箱に入れられた記念品が一緒にあった。桐の箱は白い和紙で包まれ、その上には水引《みずひき》のように白い麻の緒が結ばれていた。

水引というのは物を差し上げるときに包装する紙を結んで止める役目をしていて、祝い事には紅白や金銀のものがふつうだが、伊勢神宮のものは清浄な麻であったのが印象的であった。

そもそも水引というのは麻などの靱皮《じんぴ》繊維の糸を採るときに、水に浸して樹皮を剥ぐことからはじまった言葉で、浄らかな白い麻などの繊維が神にささげる和幣に使われていたことに由来しているのである。

日本において仏教が伝来する以前、紙を漉く技術や蚕を飼って絹糸をつくることも知らなかったころは、麻や楮や藤など山野に自生していた樹の皮を糸にして、機にかけて布帛《ふはく》を織りあげて衣料にしていたのである。

したがって天照大神《あまてらすおおみかみ》の時代のような神代はそうした白い布や糸がもっとも神聖な浄衣であったのである。『日本書紀』に記された天照大神が素戔嗚尊《すさのおのみこと》の乱暴に立腹して天の磐戸《あまのいわと》にこもられたのを、なんとかして外に出るようにする記述がある。

天香山《あまのかぐやま》の五百箇《いほつ》の眞坂樹《まさかき》を掘《ねこじにこ》じて、上枝《かみつえ》には八坂瓊《やさかに》の五百箇《いほつ》の御統《みすまる》を懸《とりか》け、中枝《なかつえ》には八《やた》咫鏡《かのかがみ》、一《ある》に云はく、眞經津鏡《まふつのかがみ》といふ。を懸《とりか》け、下枝《しづえ》には青和幣《あをにきて》、和幣、此をば尼枳底《にきて》と云ふ。白和幣《しろにきて》を懸《とりし》でて、相輿《あひとも》に致其《のみ》祈禱《いのりまう》す。

榊《さかき》を抜いてきて、玉をつないだ御統、大きな鏡、そして最後には和幣をかけて祈ったとある。このときにかけた青和幣は麻で、白和幣は楮の樹皮である穀布であろうといわれている。いずれも神にささげる浄らかな布で、麻の繊維が糸にしてすぐには、やや自然な緑がかった色をしているので「青」とつけられ、木綿とも記される穀を白とよんだものと思われる。

ちなみに、この時代、日本にはインド産のいわゆる木綿はまだ伝播していないので、木綿の文字は「ゆふ」とよんで、このような原始的な繊維をさしていたのである。

麻など靭皮の内側を用いる繊維には、その植物がもっているタンニン酸が含まれていて、糸にしたときは生成《きなり》の薄い茶色のような自然の色がついている。そのために白色にするにはさらすという工程をおこなわなければならない。現在のように化学漂白剤があるわけではなく、まず、木の灰で煮て樹皮を柔らかくするとともに、不純物を洗い流した。そして、さらに白くするためには太陽の紫外線を利用したのである。

強い紫外線を得るためには、沖縄のような海が近くにあるところには、海水面すれすれに布を張るという海ざらし、新潟県越後地方の麻の産地でおこなわれている晴天の日に雪の上に布をおく雪ざらし、奈良と京都の県境にある木津川の白砂の上では川ざらし、あるいはこの近くでは茶畑の上に布を張る丘ざらしなどがおこなわれたのである。

神にささげる純白無垢《むく》な布はこうした人間の知恵で生まれていった。つまり、人間は華やかな色彩を染める前に白という色を発見しなければならなかったのである。

「興福寺」　天智天皇八年（六六九）藤原鎌足が病に倒れたとき夫人の鏡女王が平癒祈願のために山背国（京都）に山階寺を造営、これが興福寺の起源と伝わる。その後、藤原京に移して厩坂寺と称し、平城遷都により和銅三年（七一〇）鎌足の息子の不比等が現在地に伽藍を造営、興福寺と称した。宮廷政治に深くかかわった藤原氏の氏寺である。現存する一番古い建物は鎌倉初期再建の三重塔。五重塔は不比等の娘で聖武天皇皇后の光明皇后の発願で建立された（一四二六年再建）。南円堂は弘仁四年（八一三）に藤原冬嗣が父内麻呂の冥福を願って建立（一七八九年ごろ再建）、北円堂は養老五年（七二一）不比等の一周忌のために元明太上天皇と元正天皇が建立した（一二一〇年再建）。興福寺に伝わる至極の仏像群をおさめるのが国宝館で、とくに阿修羅像の人気が高い。
奈良市登大路町48〈近鉄奈良駅下車〉

「春日大社」　平城遷都にともない鎮護として鹿島神宮から武甕槌神《たけみかづちのかみ》を御蓋山《みかさやま》の山頂に祀ったのがはじまり

で、神護景雲二年（七六八）藤原永手が現在地に社殿を整え、さらに香取神宮から経津主命《ふつぬしのみこと》を、枚岡神社から天児屋根命《あまこやねのみこと》（藤原氏の祖神）と比売神《ひめがみ》を勧請して四神を祀る。藤原氏の氏神である。武甕槌神が白い鹿にのって御蓋山に入った伝承から鹿が保護され、現在は「奈良のしか」として天然記念物に指定されている。奈良市春日野町１６０〈奈良交通バス春日大社本殿または春日大社表参道下車〉

【あとがき】

吉岡幸雄

初刊本の「あとがき」

京都の街の中央に堀川通という大路が南北に走っており、昼夜を問わず車がさかんに往来している。ここはかつて、その名のように堀川という川が流れていた。いまはその大半が埋め立てられて、御池《おいけ》通の北、二条城の前あたりから一条戻り橋まで、河川公園として整備され、細い流れにしかその面影を見ることができなくなってしまった。その堀川から二本東に行ったところに西洞院《にしのとういん》という通りがある。ここにも小さな川が流れていたが、明治三十七年に暗渠《あんきょ》となった。

これら北山から流れる河川とその伏流水は堀川通を挟んで多くの文化と産業を育ててきた。茶道の家元がその水が茶の味を引き立てることを知って建ち並んだ。また、麸屋、豆腐屋、あるいは造り酒屋がその地下水を利用してきた。染めの職人たちが集まるようになったのも、金気のない水を汲み上げ美しい色を出すことができるわけで、染め上げたあとの水洗いは堀川や西洞院の流れに頼ったのである。

私の五代前は江戸時代の終わりのころ、西洞院の四条を上がったところに染屋をはじめた。兵庫県の北部、出石《いずし》という田舎から出てきて、吉岡染めの流れを汲むところで修業をして独立を許されたそうである。その初代と二代目は修業先で憶えた植物染料で布を染めていた。なぜなら、その時代はそれしかなかったのである。

十九世紀の半ば、明治維新の前後は、日本だけではなく世界の染織の流れのなかで、きわめて画期的な時代を迎えていた。イギリスにはじまった産業革命の嵐はヨーロッパ全体におよび、機械で糸を紡ぎ、石炭から染料を人工的に造ったのである。紫、茜、そして藍と化学染料を発明していった。こうした西洋の近代文明に乗り遅れまいと、明治四年、京都府の槇村知事はフランスのリヨンに四人の染織研修生を派遣した。それまでは職人が機に上って糸を操作する空引機《そらびきばた》であったが、かの地で発明されたジャガードという機械を西陣に取り入れ、染色は化学染料の技術を学ばせたのである。

こうした近代化の波は堀川に軒を連ねる染色職人にもつぎつぎにおよんできた。明治の三十年の初めに跡を継いだ三代目、つまり私の祖父にあたる人もそうした時の流れに乗らざるを得なかった。それが当時のもっとも新しく画期的なことであったからである。隣近所の同業者に遅れまいと必死に科学染料の技を取り入れようとしたのである。

その後、大正から昭和の初めにかけての好景気にも支えられ、化学染料による大量生産も可能となって、京都の染織業界も発展していった。

私の家も工房を西洞院綾小路《あやのこうじ》西入ル芦刈山《あしかりやま》町に移して、かなりの繁盛をみたらしいが、第二次世界大戦前後の混乱に巻き込まれて、休業同然の状態となった。

私の父は終戦の混乱が落ち着いたころより、都を下った伏見の地でふたたび染色に取り組みはじめた。初めのころは、当然のように化学染料を主体としていたが、あるとき、正倉院の展覧会を見て、そこに並べられている一千二百年ほど前の、奈良時代の染織品が長い年月を経た今日も、美しい姿を残していることに驚きをもった。

このような色彩は当然のことながら植物に宿る色素から生み出されたものである。そこから父の植物染料と伝統染織の研究がはじまったのである。初代や二代目が自然とおこなっていた植物染に先祖がえりしていったといってもいいであろう。

私もいささかの紆余曲折《うよきよくせつ》があって、四十歳を過ぎて家業を継ぐようになった。それまでは美術工芸の書籍の編集者として、法隆寺や正倉院にのこる美しい染織品や、欧米の著名な博物館に収蔵される世界の染織品を数多く見ていただけに、色を実際に染めるという仕事に戻ったとき、自分も昔の植物染の職人のように鮮やかな色を出せるかという不安はぬぐえなかった。

長年、父のもとで修業を積んでいた福田伝士という根っからの染師と二人三脚で試行錯誤をくり返しながら、天然染料を用いてなんとか鮮やかな色を出したいと努めてきた。

この仕事は、冬は紅花、春から夏にかけては藍、秋は刈安や茜というように、日本の四季の移り変わりとともに、歳時記のように一年をめぐっている。

歴史と伝統が息づいている古都で生まれ育ち、いまなおここに住んで、毎年くり広げられる伝統行事にも何かと自分たちの仕事が関わりあいを持つようになって、それが日々の生活のなかにも息づいていることを喜びとしている。

畏友槇野修氏からこうした私の仕事と古都の行事風物を一冊にまとめてみないかというお勧めがあり、筆をとったのがこの書物である。

私が一編集者の時から、何かとお導きをいただいていた、作家水上勉先生から序文をいただいた。これは望外の喜びである。

これからもより自然な色、日本人が長く育んできた伝統の色に挑むつもりで精進したいと考えている。

平成七年初秋　京伏見にて　吉岡幸雄

新装本の「あとがき」

ふりかえること二十数年前、右に記した「あとがき」のような経緯があって、私の初めての書き下ろしの単行本が誕生したのである。

その本を見て、いまは亡き私の母は「文科へいかせてよかった」と喜んでくれた。私が卒業した早稲田大学第一文学部のことを「文科に入学した」といっていたからである。

この初刊本『色の歴史手帖』は幸いにかなりよく読まれて八刷まで版をかさね、つぎにも同じＰＨＰ研究所で新書版にもしてもらったが、それも数年前に品切れとなってしまっていた。

多くの人たちから『色の歴史手帖』について問いあわせもあったので、このたびは、私が四十年前に設立した紫紅社から修正、加筆をして、なお題名も『日本の色の十二カ月』と変えて、新たな装いで出版することにした。

ここでも初刊本同様槙野修氏のお世話になった。

いずれにしても、私の執筆の源となったのは本書である。

平成二十六年陽春　伏見の工房にて　吉岡幸雄

【参考文献】

染料植物譜　後藤捷一　山川隆平　はくおう社
源氏物語　全八巻　新潮日本古典集成　新潮社
新古今和歌集　上下　新潮日本古典集成　新潮社
古今和歌集　新潮日本古典集成　新潮社
枕草子　新潮日本古典集成　新潮社
春日大社　大阪書籍
冷泉家の年中行事　財団法人冷泉家時雨亭文庫監修　朝日新聞社
祇園祭　祇園祭編集委員会　筑摩書房
東大寺お水取り　小学館
洛中洛外図屏風　上杉本　岡見正雄　佐竹明広　岩波書店
西域美術3　大英博物館スタインコレクション　講談社
正倉院裂と飛鳥天平の染織　松本包夫　紫紅社
延喜染鑑　上村六郎　岩波書店
日本色彩文化史　前田千寸　岩波書店
日本の傳統色彩　長崎盛輝　京都書院
かさねの色目　長崎盛輝　京都書院
色の手帖　小学館
日本画の技法「画材と技法」　林功　箱崎睦昌　同朋舎出版
朱の考古学　市毛勲　雄山閣出版
五行循環　吉野裕子　人文書院
薬師寺　高田好胤　山田法胤　学生出版
染織の美　1号〜30号　京都書院
日本の染織　技と美　京都国立博物館
日本の染織　全二十巻　京都書院

【ひ】
艶紅　ひかりべに　76
百鼠四十八茶　ひゃくねずみしじゅうはっちゃ　257
平等院　びょうどういん　117、136
琵琶湖疏水　びわこそすい　107、113
檳榔樹　びんろうじゅ　70

【ふ】
深草十二帝陵　ふかくさじゅうにていりょう　26、42
福木　ふくぎ　203
伏見稲荷大社　ふしみいなりたいしゃ　26、42
藤原「北家」　ふじわらほっけ　228、241
二藍　ふたあい　132
フラボン　203

【へ】
紅花　べにばな　40、68、70
弁柄　べんがら　34

【ほ】
法起寺　ほうきじ　36、44
法隆寺　ほうりゅうじ　36、44
ポロネーズの絨緞　ぽろねーずのじゅうたん　147

【ま】
纏向遺跡　まきむくいせき　72、80
枕草子　まくらのそうし　53、133、227
円山公園　まるやまこうえん　106
万葉集　まんようしゅう　198

【み】
南観音山　みなみかんのんやま　147
南座　みなみざ　141
三桝　みます　214
都今様友禅ひいながた
みやこいまようゆうぜんひいながた　150
宮崎友禅斎　みやざきゆうぜんさい　150

【む】
武蔵御嶽神社　むさしみたけじんじゃ　237、242
紫　むらさき　125
紫草　むらさきそう　124

【め】
鳴沙山　めいさざん　28、43

【も】
紅葉の襲　もみじのかさね　229
木綿の普及　もめんのふきゅう　179
モーヴェイン　136

【や】
薬師寺　やくしじ　98、113
休ケ岡八幡宮　やすみがおかはちまんぐう　98、113
山藍の摺衣　やまあいのすりごろも　173
楊梅　やまもも　203
ヤルダン地形　やるだんちけい　29、43
友禅染　ゆうぜんぞめ　150

【ゆ】
縁の色　ゆかりのいろ　129
ユリナ　ゆりな　68

【ら】
洛中洛外図屏風
らくちゅうらくがいずびょうぶ　38、44、146

【れ】
練行衆　れんぎょうしゅう　58、66

【ろ】
良弁　ろうべん　57
路考茶　ろこうちゃ　257

【わ】
倭の五王　わのごおう　39、46

【せ】
贅沢禁止令　ぜいたくきんしれい …………149
細男　せいのお ………… 266、267
尺素往来　せきそおうらい ……………144
セリカ　せりか …………………195
千本鳥居　せんぼんとりい …………… 28
扇面古写経　せんめんこしゃきょう …………178

【そ】
承和色　そがいろ ………………229
染和紙　そめわし ……………… 66
空引機　そらびきばた ……………190

【た】
太子間道　たいしかんどう ……………251
大青　たいせい ………………173
太平広記　たいへいこうき …………… 59
高瀬川　たかせがわ ……………141
多色夾纈　たしょくきょうけち …………248
蓼藍　たであい ………………173
経錦　たてにしき ……………251
七夕伝説　たなばたでんせつ …………196
七夕の節句　たなばたのせっく …………188
タロの木　たろのき ……………… 67
団十郎茶　だんじゅうろうちゃ …… 214、257
タンニン酸　たんにんさん ……………256

【ち】
知恩院　ちおんいん …………150、152
茶屋辻　ちゃやつじ ……………178
中右記　ちゅうゆうき ……………144
丁子　ちょうじ ……………… 70
重陽の節句　ちょうようのせっく …………226

【つ】
月鉾　つきほこ ………………147
造り花　つくりばな ……………103
橡　つるばみ ………………254

【て】
帝王紫　ていおうむらさき …………123
豊島莫　てしまざ ……………… 66

【と】
東寺　とうじ …………… 38、46
東大寺　とうだいじ ………… 56、63
堂童子　どうどうじ …………… 66
徳川実記　とくがわじっき …………233
豊臣秀吉　とよとみひでよし …………133
鳥浜貝塚　とりはまかいづか …………31、43
団栗　どんぐり ………………255
曇徴　どんちょう ……………51、72

【な】
長刀鉾　なぎなたほこ ……………147
生葉染　なまはぞめ ……………176
楢の小川　ならのおがわ ……………119
奈良の大仏さん　ならのだいぶつさん ………… 56
南円堂　なんえんどう ……………260
南禅寺　なんぜんじ ………… 38、45

【に】
丹生川上神社上社・下社
にうかわかみじんじゃかみしゃ・しもしゃ …… 35、43
におい ………………… 67、112
二月堂　にがつどう ……………… 57
鈍　にび ………………256
日本教会史　にほんきょうかいし …………135
日本書紀　にほんしょき……… 40、197、268
仁明天皇　にんみょうてんのう …………228

【は】
パープル腺　ぱーぷるせん ……………122
櫨　はぜ ………………230
秦氏　はたうじ ……………… 27
八丈刈安　はちじょうかりやす …………202
花会式　はなえしき ………… 50、100
花拵え　はなごしらえ …………… 66
縹　はなだ ……………170、178
伴大納言絵巻　ばんだいなごんえまき………… 38

菊の襲　きくのかさね……229
菊の被せ綿　きくのきせわた……227
乞巧奠　きこうでん……189、196
魏志倭人伝　ぎしわじんでん……32、43
北観音山　きたかんのんやま……147
木津川　きづがわ……210
絹の誕生　きぬのたんじょう……192
黄蘗　きはだ……70
行教　ぎょうきょう……207
京の水藍　きょうのみずあい……175
清水寺　きよみずでら……38、45
禁色　きんじき……230

【く】
支子　くちなし……66
熊野速玉大社　くまのはやたまたいしゃ……178、185

【け】
源氏物語絵巻　げんじのものがたりえまき……111
源氏物語　げんじものがたり……110、131
元政庵　げんせいあん……26、42
憲法染　けんぽうぞめ……257

【こ】
鯉山　こいやま……148
合成藍　ごうせいあい……182
興福寺　こうふくじ……260、261、270
広隆寺　こうりゅうじ……41、47
黄櫨染　こうろぜん……230、235
深縹　こきはなだ……177
五行思想　ごぎょうしそう……33、199
古今和歌集　こきんわかしゅう……109
牛頭天王　ごずてんのう……142
五倍子　ごばいし……257
御霊会　ごりょうえ……142
紺屋　こんや……180

【さ】
蔡倫　さいりん……51
桜の襲　さくらのかさね……111
安石榴　ざくろ……240
差懸　さしかけ……66
散花　さんか……71
三教指帰　さんごうしいき……59
三宝絵詞　さんぽうえことば……104

【し】
紫雲膏　しうんこう……135
しけ刷毛　しけはけ……212
慈光院　じこういん……36、44
紫根　しこん……125
紫根染　しこんぞめ……125
紫紙金字金光明最勝王経
ししきんじこんこうみょうさいしょうおうきょう……128
実忠　じっちゅう……57
四天王寺　してんのうじ……178、185
暫　しばらく……214
渋染の法　しぶそめのほう……214
下鴨神社　しもがもじんじゃ……118、137
ジャガード……190
社家町　しゃけちょう……119、137
ジャパン・ブルー……181
朱　しゅ……34
朱色　しゅいろ……31、38
朱彩土器　しゅさいどき……31
出藍の誉れ　しゅつらんのほまれ……171
ジョアン・ロドリゲス……134
相国寺　しょうこくじ……38、46
正倉院　しょうそういん……103、244
正倉院展　しょうそういんてん……245
聖武天皇　しょうむてんのう……56
承和の変　じょうわのへん……229、241
蜀江錦　しょっこうにしき……251
白　しろ……267、270
神泉苑　しんせんえん……142、152
新撰姓氏録　しんせんしょうじろく……39、46

【す】
蒅　すくも……175、180
助六　すけろく……135、138
生絹　すずし……110

【関連項目索引】

【あ】

藍　あい　170、172、173、178
藍が建つ　あいがたつ　177、184
藍のあし　あいのあし　185
藍の建て方　あいのたてかた　183
藍の花が咲く　あいのはながさく　184
青　あお　178
葵祭　あおいまつり　118、137
赤　あか　28
赤糸威鎧兜　あかいとおどしよろいかぶと　237
閼伽井屋　あかいや　58、63
茜色　あかねいろ　239
茜染　あかねぞめ　235、236
浅葱　あさぎ　170
東遊　あずまあそび　266
阿波の藍　あわのあい　180

【い】

伊勢物語　いせものがたり　129
伊吹山　いぶきやま　204、205
石清水祭　いわしみずさい　208
石清水八幡宮
いわしみずはちまんぐう　173、207、215
インディゴブルー　171
インド藍　いんどあい　173

【う】

上杉謙信　うえすぎけんしん　133、212
上杉神社　うえすぎじんじゃ　133、137
動く染織博物館　うごくせんしょくはくぶつかん　140
鬱金　うこん　70
宇治　うじ　116
宇治川　うじがわ　226
烏梅　うばい　75、76

【え】

江戸紫　えどむらさき　135
葡萄色　えびいろ　132
延喜式　えんぎしき　104、178、230
臙脂虫　えんじむし　147、151
槐の花　えんじゅのはな　203
臙脂綿　えんじわた　102、151

【お】

御間道　おあいみち　262
応仁の乱　おうにんのらん　145
大田神社　おおたじんじゃ　120、137
巨椋池　おぐらいけ　108、114
落栗色の襲　おちぐりいろのかさね　229
御花神饌　おはなしんせん　208
お水取り　おみずとり　50、58
お山めぐり　おやまめぐり　27

【か】

加賀の梅染　かがのうめぞめ　257
柿色　かきいろ　214
柿渋　かきしぶ　211、212
花樹双鳥文夾纈
かじゅそうちょうもんきょうけち　247
春日大社　かすがたいしゃ　260、262、270
春日若宮おん祭　かすがわかみやおんまつり　263
上賀茂神社　かみがもじんじゃ　118、136
紙衣　かみこ　53
紙衣禅師　かみこぜんし　59
紙の発明　かみのはつめい　51
甕覗　かめのぞき　170
鴨川　かもがわ　140
刈安　かりやす　202
冠位十二階の制　かんいじゅうにかいのせい　120
宦官　かんがん　51、63
観月橋　かんげつきょう　226
函谷鉾　かんこぼこ　147
寒紅　かんべに　78

【き】

祇園の花街　ぎおんのかがい　141
祇園祭　ぎおんまつり　140、142
祇園八坂神社　ぎおんやさかじんじゃ　38、45

企画・構成・装幀……………………………… 槇野　修
写真撮影………………………… 小林庸浩・岡田克敏
写真提供……………………… 中田昭・堀内昭彦
河野政人（ナカサアンドパートナーズ）
小野久仁子・吉岡更紗・内藤辰郎
福井県立若狭歴史民俗資料館・京都国立博物館
奈良国立博物館・松竹株式会社・武蔵御嶽神社
作品染色……………………………… 染司よしおか
編集協力（注記執筆）………………… 小野久仁子
制作協力…………………………… ＩＢＣパブリッシング
ＤＴＰ……………………………… トライアングル

【著者略歴】

吉岡 幸雄（よしおか さちお）

昭和二十一年、京都市に生まれる。生家は江戸時代から続く染屋。昭和四十六年、早稲田大学第一文学部文芸学科を卒業後、美術図書出版「紫紅社」を設立。美術図書の編集と美術工芸の歴史を研学する。『根来』、『琳派』」（全五巻）、『伊藤若冲』など多数の美術工芸図書を出版。『染織の美』（全三十巻・京都書院刊）、『日本の意匠』（全十六巻・京都書院刊）の編集長を務めるとともに、美術展覧会「日本の色」、「桜」（東京・銀座松屋）などを企画、監修する。広告のアートディレクターも務め、コマーシャルフィルム、電通カレンダーの制作などに携わる。

昭和六十三年、生家「染司よしおか」五代目当主を継ぐ。染師福田伝士氏と二人三脚で日本の伝統色の再現に取り組む。平成三年に奈良薬師寺三蔵院にかかげる幡五旗を多色夾纈によって制作。同四年、薬師寺「玄奘三蔵会大祭」での伎楽装束四十五領を復元。同五年、東大寺伎楽装束を制作。天平の時代の色彩をすべて植物染料によって再現し、話題となる。平成十四年、東大寺開眼一二五〇年慶法要にあたり、管長の紫衣、糞掃衣、鹿草木夾纈屏風、開眼の縷などを制作。

ドイツ・ミュンヘン市共立手工芸ギャラリーで「染司よしおか―日本の染色芸術の極致展」（平成十二年）、日本橋髙島屋で「日本の色　天平の彩り」展（平成十五年）、「甦る王朝の美 源氏物語の色」展（平成十七年）などを開催。イギリス「シティ・オブ・ロンドン・フェスティバル」に出展（平成十八年）、イギリス大英博物館やアメリカの大学での講義など、国内外で幅広く講演、展覧会をおこない、いにしえからの植物染の奥行きの深さとその美しさについて語っている。

平成二十年、成田国際空港第二ターミナル到着ロビーのアートディレクターをつとめた（グッドデザイン賞受賞）。平成二十一年、京都府文化賞功労賞受賞。平成二十二年、第五十八回菊池寛賞受賞。平成二十三年、東大阪美術センターで受賞記念「日本の色　千年の彩」展を開催、同年、吉岡幸雄・福田伝士の情熱を追ったドキュメンタリー映画「紫」公開開始。平成二十四年、ＮＨＫ放送文化賞受賞。

主な著書に『日本の色辞典』『「源氏物語」の色辞典』『王朝のかさね色辞典』（以上紫紅社）、『千年の色』（ＰＨＰ研究所）、『日本の色を染める』（岩波新書）、『色の歳時記』『色紀行』（以上清流出版）、『京都の古社寺　色彩巡礼』（淡交社）、などがある。

日本の色の十二カ月

二〇一四年六月一日　第一刷発行

著者　吉岡幸雄
企画・構成　槇野修
染色　染司よしおか
発行者　勝丸裕哉
発行所　紫紅社
〒六〇五―〇〇八九
京都市東山区古門前通大和大路東入ル元町三六七
電話　〇七五―五四一―〇二〇六
FAX　〇七五―五四一―〇二〇九
http://www.artbooks-shikosha.com/
印刷所　ニューカラー写真印刷株式会社

ISBN978-4-87940-611-8
定価はカバーに表示してあります。